Pearson

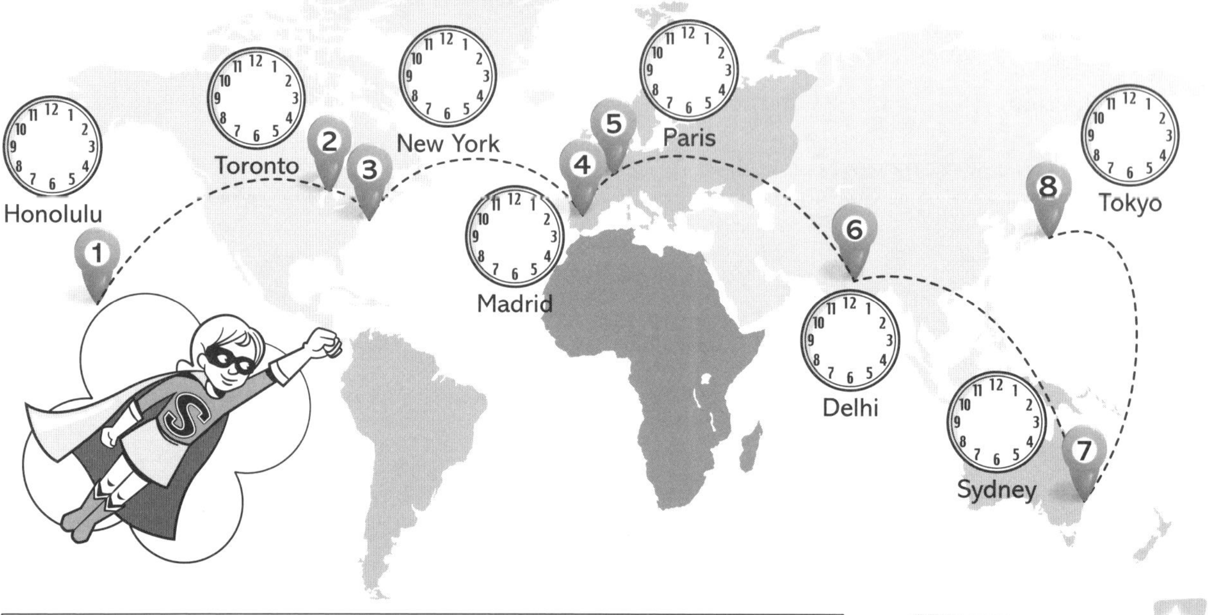

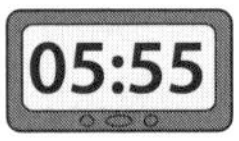

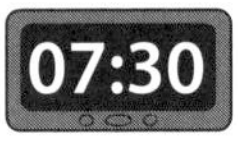

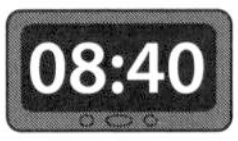

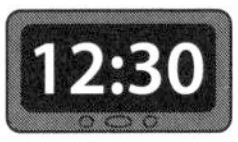

Pearson

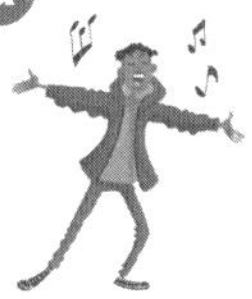
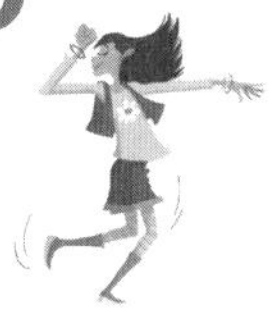
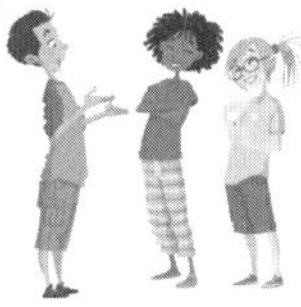
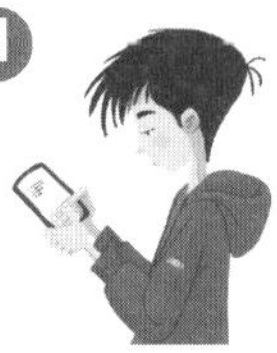
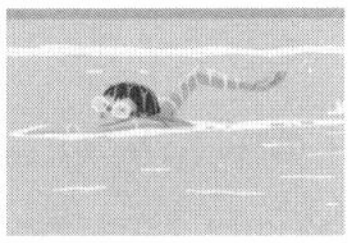
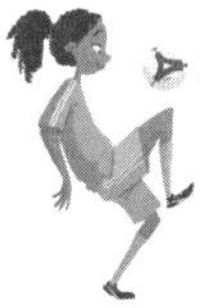

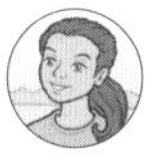

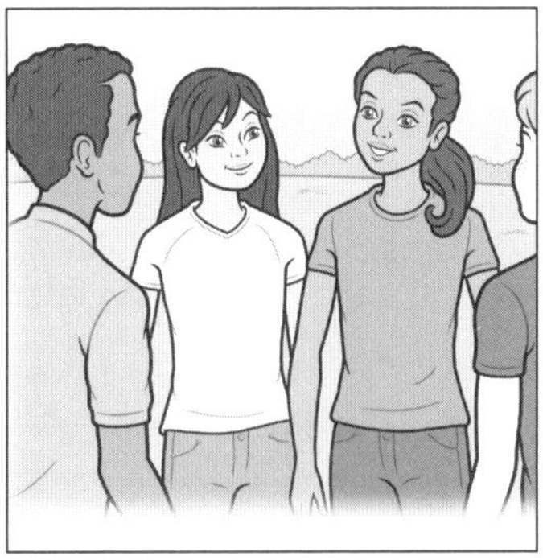

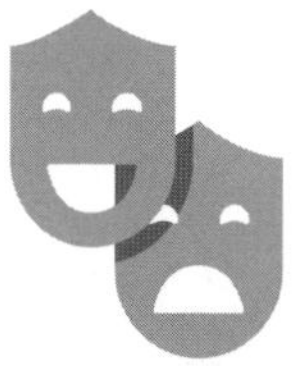

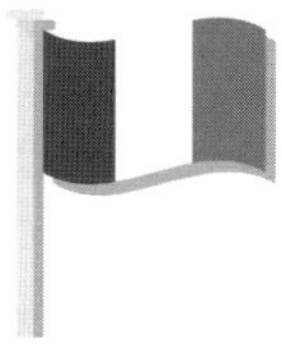

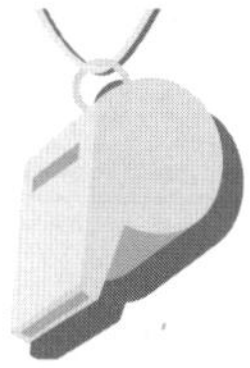

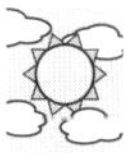  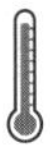 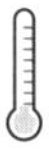  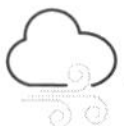  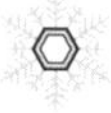 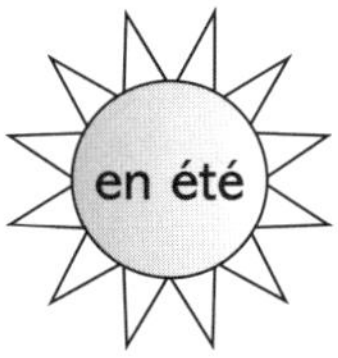

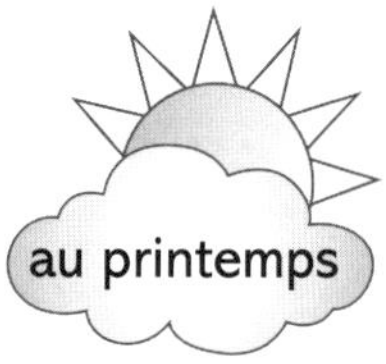

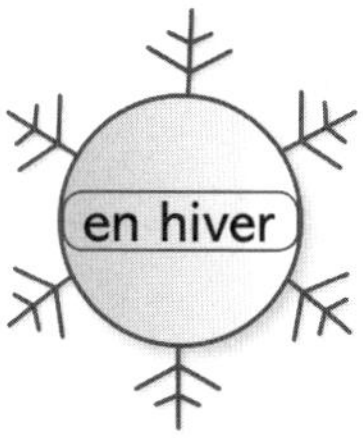

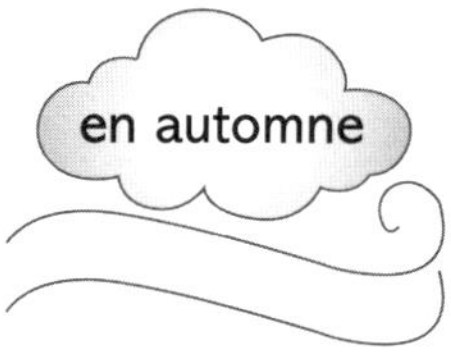

Grammaire 1

(page 76)

- jouer à ...
- faire

1 Read the messages and circle the forms of *jouer* (to play). Then complete the notebook page with the correct forms.

Tu joues aux boules, Ali?

Non, je joue au basket. Mon copain Simon joue au hockey. Ma copine Elsa joue au tennis. Elle joue aussi au foot! Parfois, Simon, Elsa et moi, on joue au billard.

Vous jouez au billard?

Oui, nous jouons au billard le samedi. Simon et Elsa jouent très bien. Et toi, tu joues au billard, Sam?

Non, je joue aux boules!

jouer

je	jou ....
tu	jou ....
il/elle/on	jou ....
nous	jou ....
vous	jou ....
ils/elles	jou ....

2 Circle the correct option.

1 Le lundi, je joue **au** / **à la** / **aux** tennis (m).

2 Le mardi, je joue **au** / **à la** / **aux** cartes (pl).

3 Le mercredi, je joue **au** / **à la** / **aux** rugby (m).

4 Le jeudi, je joue **au** / **à la** / **aux** pétanque (f).

5 Le weekend, je joue **au** / **à la** / **aux** boules (pl).

G

masculine:	*à + le* → ***au***
feminine:	*à + la* → ***à la***
plural:	*à + les* → ***aux***

3 Complete the sentences with the correct form of *faire* (to do).

1 Je ....fais......... du sport tous les jours.

2 Tu .... du théâtre le weekend?

3 Au collège, on ne .... pas d'athlétisme.

4 Maëlle et Noé? Ils .... du rafting.

5 L'hiver, Noé .... du ski.

6 Vous .... de l'alpinisme?

7 Non, nous .... du canyoning.

G

*je **fais***
*tu **fais***
*il/elle/on **fait***
*nous **faisons***
*vous **faites***
*ils/elles **font***

Feeling confident?

Grammaire 1
(page 124)

• aller + au / à la / à l' / aux

1 Draw lines to match the sentence halves.

Check the forms of ***aller***!

1 J'aime l'athlétisme, alors le samedi matin, je
2 Nous avons un chien alors, le dimanche, nous
3 Mon frère retrouve ses amis le samedi et ils
4 Tu aimes nager, alors, le weekend, tu
5 Vous aimez le shopping? Le samedi, vous
6 Ma sœur adore les films et le weekend, elle

a allons au parc.
b vont au café.
c va au cinéma.
d vais au stade.
e allez aux magasins?
f vas à la piscine?

2 Complete the sentences, choosing one word/phrase from each column in the grid. Take care when choosing from columns B and D.

A	B	C	D	E
(ne/n')	vais	(pas)	au	piscine
	vas		à la	magasins
	va		à l'	marché
	allons		aux	musée
	allez			mosquée
	vontz			église

G

au	+ masculine noun
à la	+ feminine noun
à + l'	+ noun starting with a vowel
aux	+ noun in the plural

1 Tu *ne vas pas à la piscine.*
2 Mes parents ....
3 Ma sœur et moi, nous ....
4 Moi, je ....
5 Vous ....
6 Mon copain ....

3 Translate the sentences into French.

Never translate *'on'* + day of the week by ***sur***. Say ***le dimanche*** (on Sundays).

1 You *(tu)* go to church on Sundays.

....

2 My mother goes to the shops at the weekend.

....

3 We (*nous*) don't go to school on Saturdays.

....

Feeling confident?

Pearson

Point de départ
(pages 8–9)

1 Fill in the gaps to complete the English translations of the French phrases.

1	Bonjour!	H .... !
2	Comment t'appelles-tu?	What .... ?
3	Je m'appelle Lily.	My .... Lily.
4	Comment ça va?	How .... ?
5	Ça va bien, merci.	I'm .... , thanks.
6	Au revoir!	G .... !
7	À plus!	See .... !

2 Complete the text conversations using the correct phrases from the box.

Comment ça va? | Pas mal, merci. | Ça ne va pas! | Ça va bien, merci.

3 Moussa has just met Sarah. Complete their first conversation using the icons to help.

M: .... ! Comment t' .... ?

S: Salut! .... Sarah.

M: .... ?

S: ....

M: Au revoir, Sarah!

S: .... !

Feeling confident?

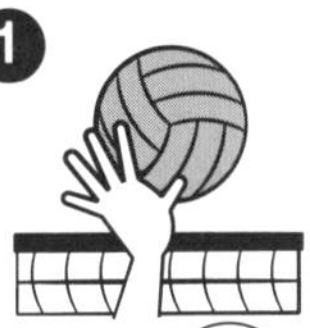

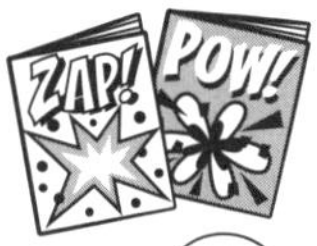

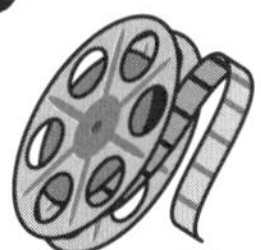

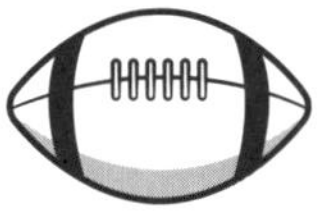

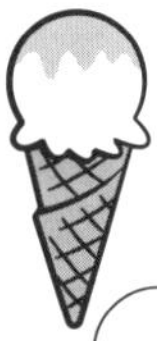

Point de départ

Bonjour.	*Hello.*	lundi, mardi	*Monday, Tuesday*
Salut!	*Hi!*	mercredi	*Wednesday*
Comment t'appelles-tu?	*What's your name?*	jeudi, vendredi	*Thursday, Friday*
Je m'appelle …	*My name is …*	samedi, dimanche	*Saturday, Sunday*
Comment ça va? (Ça va?)	*How are you? (Are you OK?)*	un, deux, trois, quatre, cinq	*1, 2, 3, 4, 5*
		six, sept, huit, neuf, dix	*6, 7, 8, 9, 10*
Ça va (très) bien.	*I'm (very) well.*	onze, douze, treize	*11, 12, 13*
Pas mal, merci.	*Not bad, thanks.*	quatorze, quinze	*14, 15*
Ça ne va pas!	*Not good!*	seize, dix-sept, dix-huit	*16, 17, 18*
Et toi?	*How about you?*	dix-neuf, vingt	*19, 20*
Au revoir.	*Goodbye.*	vingt-et-un, vingt-deux, (etc.)	*21, 22, (etc.)*
À plus!	*See you later!*	trente, trente-et-un	*30, 31*

Unité 1 – As-tu des frères et sœurs?

As-tu des frères et sœurs?	*Do you have any brothers or sisters?*	(trois) demi-sœurs.	*(three) half-/step-sisters.*
Oui. J'ai …	*Yes, I have …*	Je n'ai pas de frères et sœurs.	*I don't have any brothers or sisters.*
un frère.	*one brother.*		
une sœur.	*one sister.*	Je suis fils/fille unique.	*I am an only child.*
un demi-frère.	*one half-/step-brother.*	Quel âge as-tu?	*How old are you?*
		J'ai (onze) ans.	*I am (11) years old.*
(deux) frères.	*(two) brothers.*		

Unité 2 – Voici ma salle de classe!

Qu'est-ce qu'il y a sur la photo?	*What is on the picture?*	des tables	*some tables*
		des chaises	*some chairs*
Sur la photo, il y a …	*On the picture, there is/are …*	des élèves	*some pupils*
		au fond	*at the back*
un tableau (noir/blanc)	*a (black/white) board*	au centre	*in the middle*
		à gauche	*on the left*
un poster	*a poster*	à droite	*on the right*
un/une prof (professeur)	*a teacher*	C'est …	*It's …*
un écran	*a screen*	sympa.	*nice.*
un ordinateur	*a computer*	génial.	*great.*
une porte	*a door*	moderne.	*modern.*
une fenêtre	*a window*	triste.	*sad.*
une table	*a table*	nul.	*rubbish.*
une tablette	*a tablet*	démodé.	*old-fashioned.*

Unité 3 – Tu aimes ça?

Tu aimes …?	*Do you like …?*	le vélo	*cycling*
J'aime …	*I like …*	le collège	*school*
Je n'aime pas …	*I don't like …*	le cinéma	*cinema*
le sport	*sport*	le poisson	*fish*
le foot	*football*	la danse	*dance*

Feeling confident?

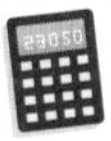  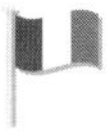 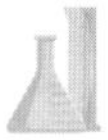 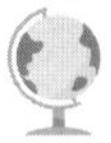  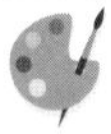          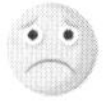    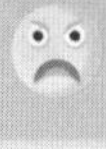 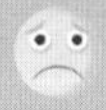 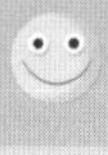 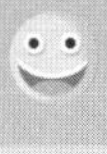  

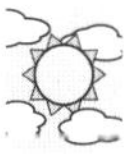  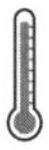 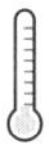  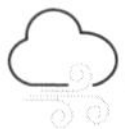  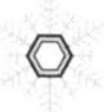 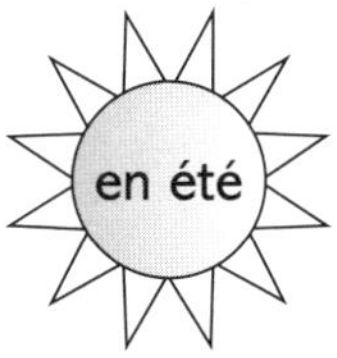

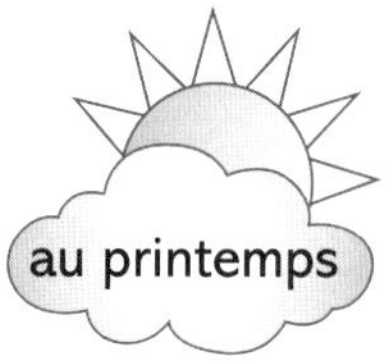

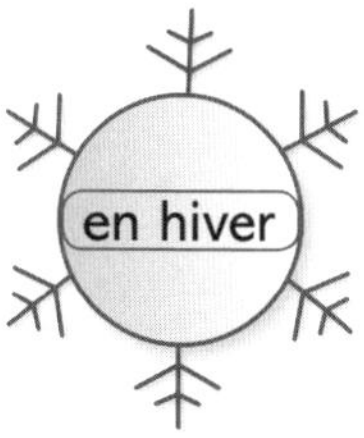

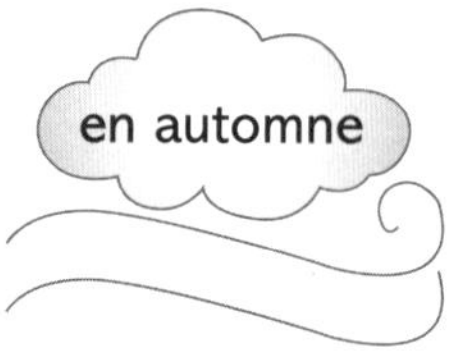

Point de départ

(pages 82–83)

1 **Tick the three statements that match the pictures.**

1

J'ai un petit chat noir. ☐

2

J'ai un oiseau noir. ☐

3

J'ai un lézard. ☐

4

J'ai un lapin et un cochon d'Inde. ☐

5

J'ai un grand chien blanc. ☐

6

J'ai trois serpents et quatre poissons. ☐

2 **Correct the three sentences that are wrong in exercise 1. Rewrite them here.**

....

....

....

> To make a noun plural, add 's'. For example, *un chat, des chat**s***.
> There are exceptions:
> ***un oiseau / des oiseaux***

3 **Complete the calculations using numbers from the box.**

dix	vingt	trente	quarante
cinquante	soixante	soixante-dix	
quatre-vingts	quatre-vingt-dix	cent	

> If you get stuck, try writing the calculations out in figures first.

1 vingt + ... = cent

2 quatre-vingt-dix – .... = vingt

3 quarante + ... = cent

4 dix × quatre = ...

5 cent – dix = ...

6 dix × cinq = ...

Feeling confident?

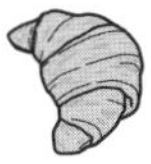 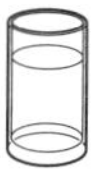 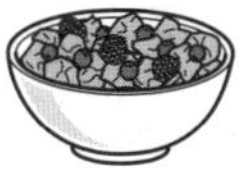 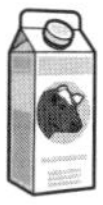 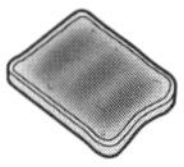 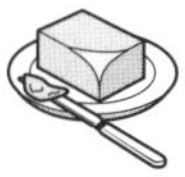 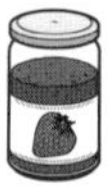 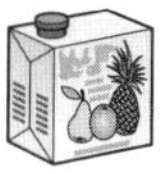 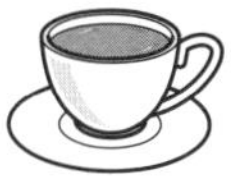 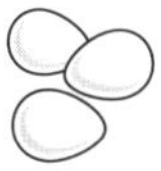 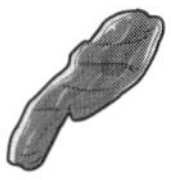 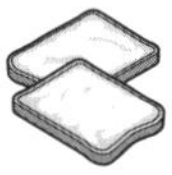 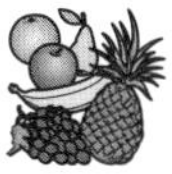 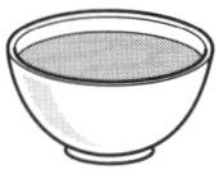 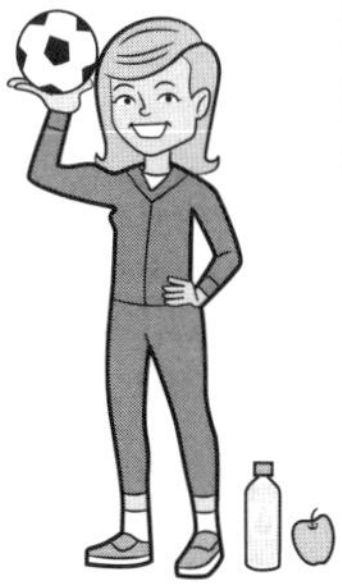

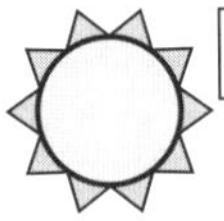 
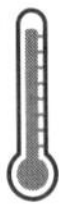
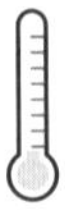

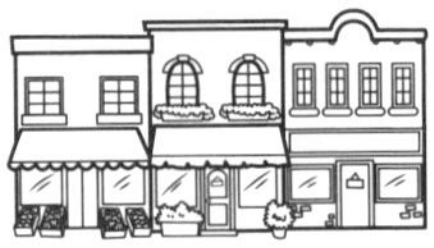

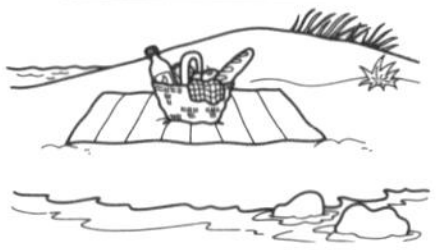

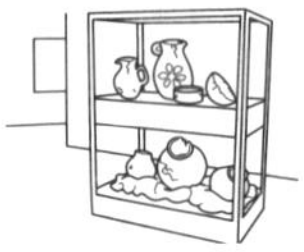

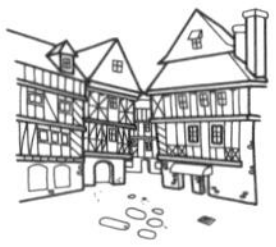

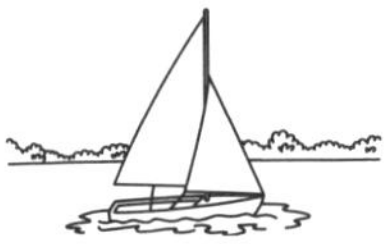

  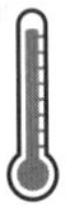 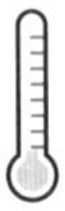  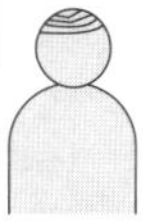

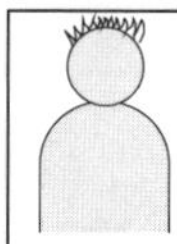

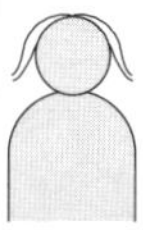

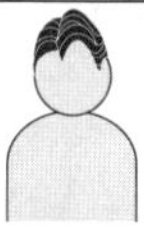

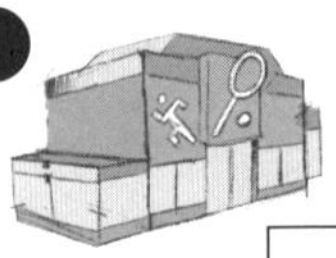 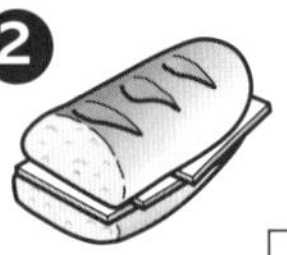 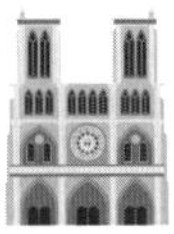 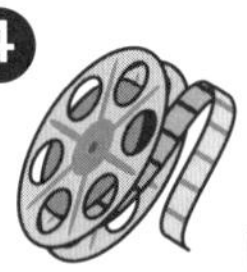 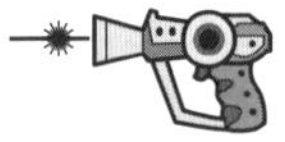 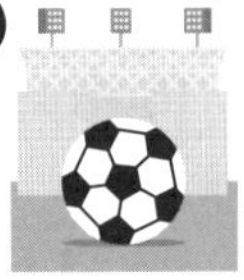 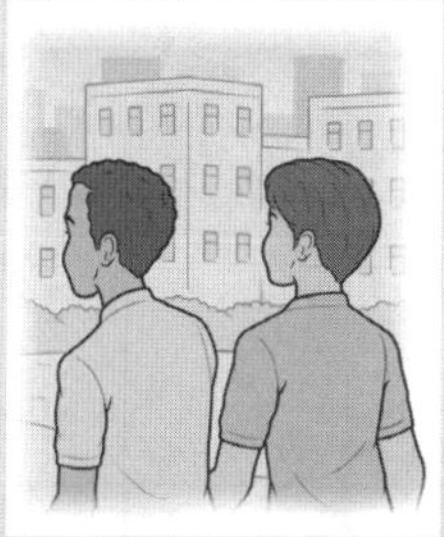

Dynamo 1

Cahier d'exercices B

Pearson

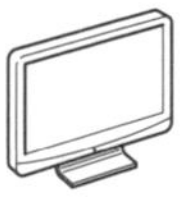 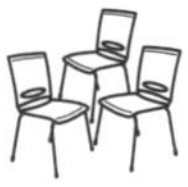 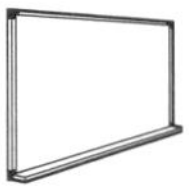 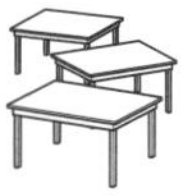 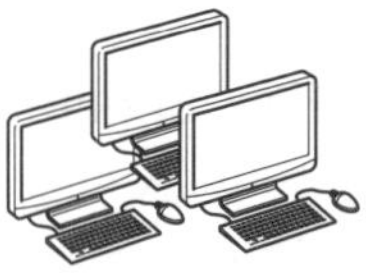  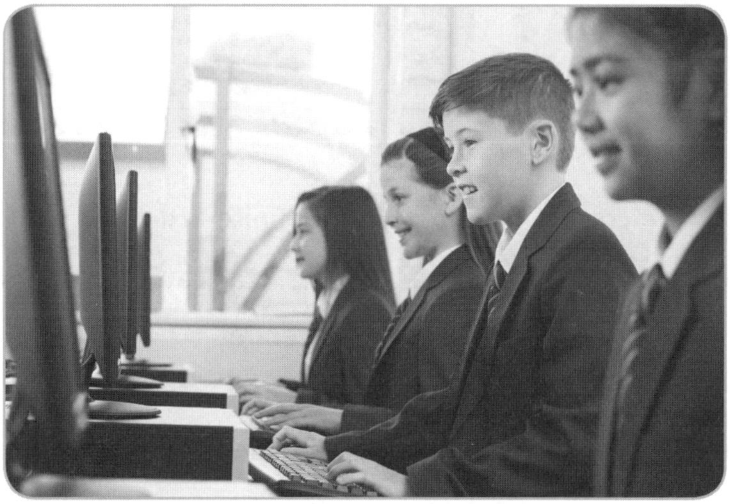

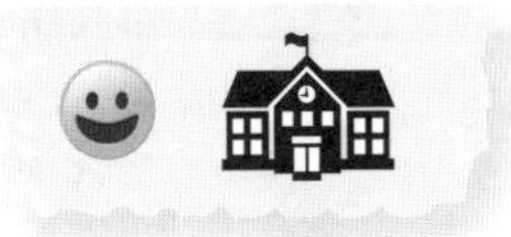

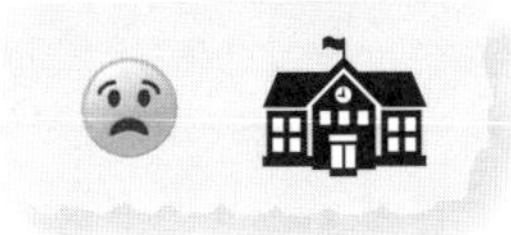

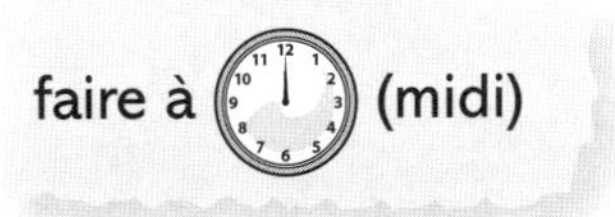

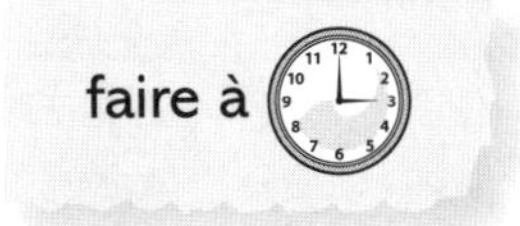

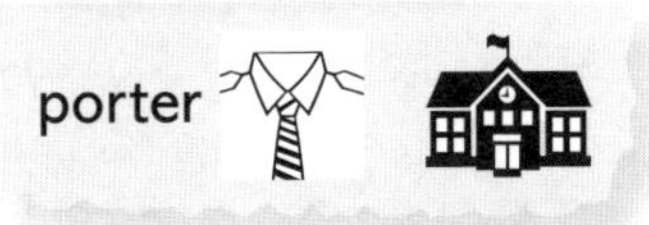

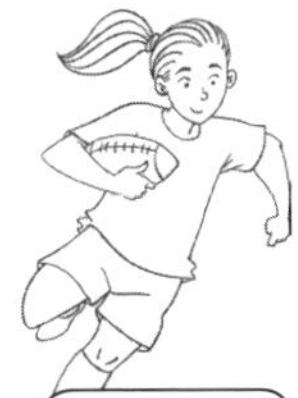

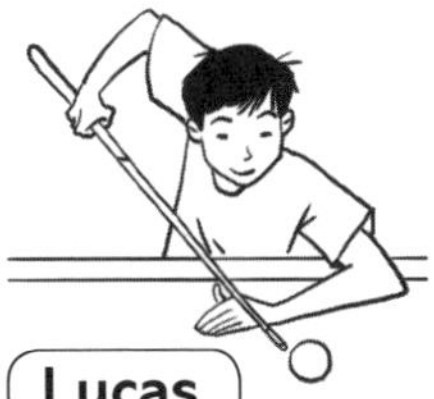

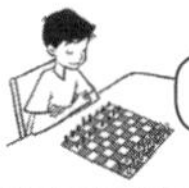

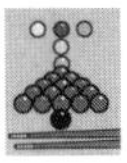

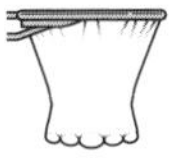

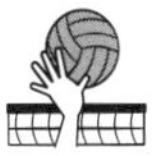

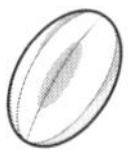

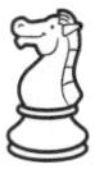

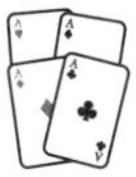

Pearson

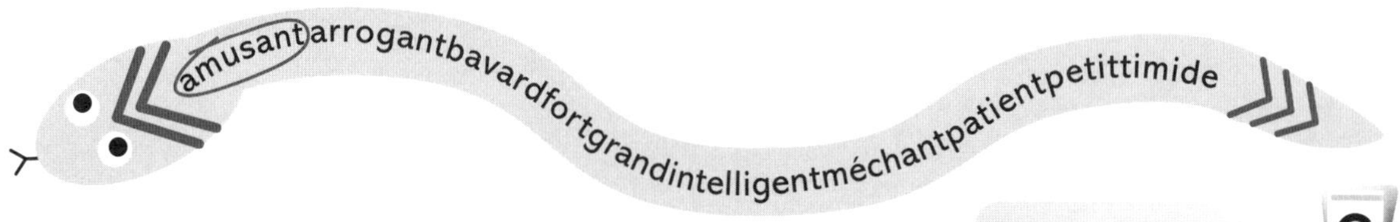

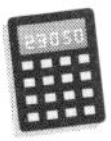  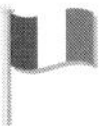 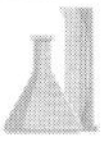 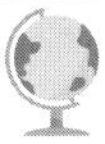 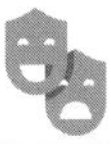 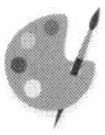     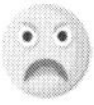      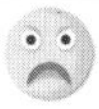   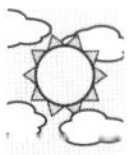  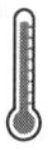 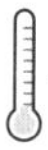  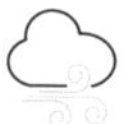  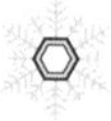 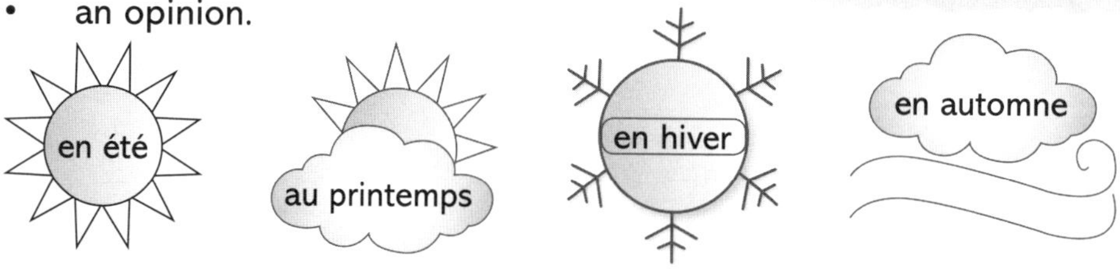

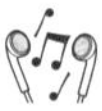 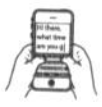     

Point de départ
(pages 82–83)

1 Tick the three statements that match the pictures.

❶

J'ai un petit chat noir. ☐

❷

J'ai un oiseau noir. ☐

❸

J'ai un lézard. ☐

❹

J'ai un lapin et un cochon d'Inde. ☐

❺

J'ai un grand chien blanc. ☐

❻

J'ai trois serpents et quatre poissons. ☐

2 Correct the three sentences that are wrong in exercise 1. Rewrite them here.

....

....

....

> To make a noun plural, add 's'. For example, *un chat, des chat**s***.
> There are exceptions: ***un oiseau / des oiseaux***

3 Complete the calculations using numbers from the box.

dix	vingt	trente	quarante
cinquante	soixante	soixante-dix	
quatre-vingts	quatre-vingt-dix	cent	

> If you get stuck, try writing the calculations out in figures first.

1 vingt + ... = cent

2 quatre-vingt-dix – .... = vingt

3 quarante + ... = cent

4 dix × quatre = ...

5 cent – dix = ...

6 dix × cinq = ...

Feeling confident?

5 Une drôle de famille
(pages 92–93)

1 Read Zoé's profile and note down the key points about her in English.

Zoé a douze ans. Elle habite avec ses parents. Elle a un frère et une sœur. Elle est grande et forte, elle a les cheveux courts et blonds et les yeux bleus. Elle porte des lunettes. Elle est sportive: elle adore jouer au rugby.

- Zoé, 12 years old
- lives with parents
- ....
- ....

2 Complete Lucas's profile. Reuse words from Zoé's profile to fill in the gaps.

Lucas a ....douze.... ans. Il .... sa mère et sa sœur. Il a .... longs et bouclés. Il .... de taille moyenne et il .... sportif. Il .... jouer au tennis. Il .... très bavard .... très marrant.

3 Now write Jasmine's profile from these notes.

- 12 ans
- habite – grand-mère
- grande
- cheveux longs + noirs
- yeux marron
- intelligente + studieuse – pas très amusante
- ♥ jouer aux échecs

....
....
....
....
....
....
....

4 Adapt the profiles of Zoé, Lucas and Jasmine to write about yourself. Use a separate sheet for your answer.

When adapting a text about someone to talk about yourself, remember to:
- use *je* and the correct verb ending
- use the correct form of adjectives (masculine/feminine)
- use the word for 'my' instead of 'his/her'.

Feeling confident?

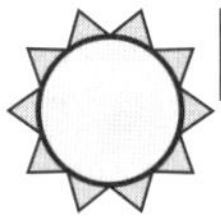  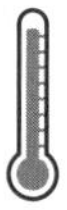 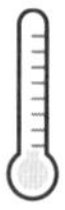  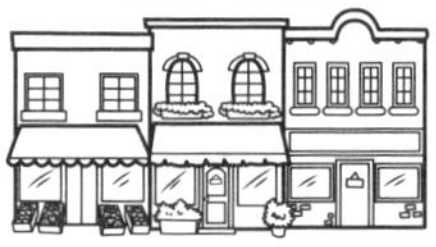

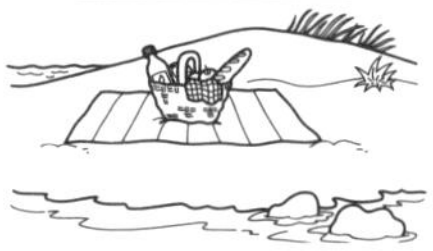

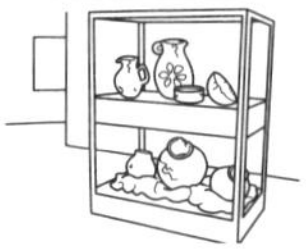

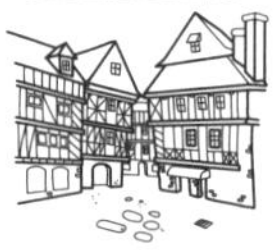

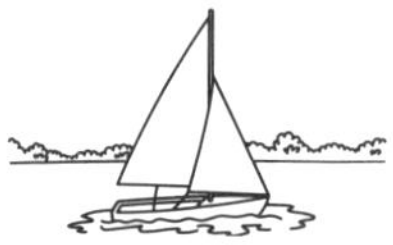

 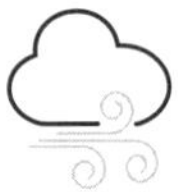 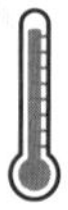 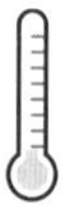  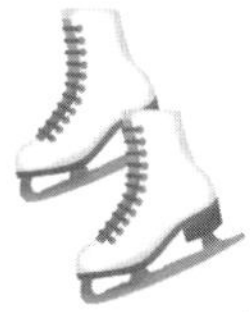

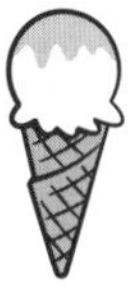

Dynamo 1

Cahier d'exercices B

Pearson

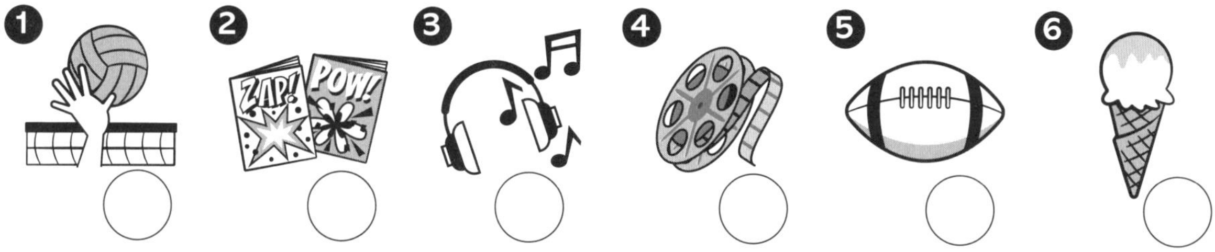

Mon interview par vidéo!

(pages 20–21)

1 Write out these birthday dates in French.

Mon anniversaire, c'est ...

Use ***le premier*** for 'the first'.

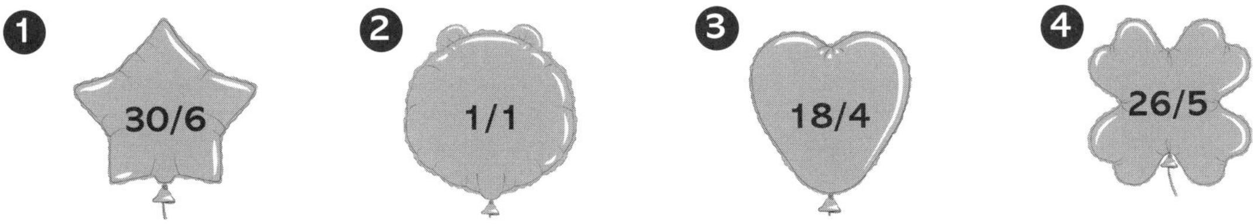

1 ....le trente.... ....juin....
2 ....
3 ....
4 ....

2 Unjumble each sentence to form a question.

a Quel | as-tu? | âge ....
b anniversaire? | quand, | ton | C'est ....
c comment? | es | Tu ....
d frères | sœurs? | As-tu | et | des ....
e le | Tu | sport? | aimes ....

3 Match these answers to the questions in exercise 2. Write the correct letter in the box.

1 J'ai douze ans. [a]
2 Non, mais j'aime la musique et aussi la danse. [ ]
3 Oui, j'ai une sœur et aussi un demi-frère. [ ]
4 Je suis assez grand, très sympa mais un peu trop bavard. [ ]
5 C'est le vingt-neuf novembre. [ ]

4 Imagine you are Qexyek the alien. On a separate sheet, write answers to the questions in exercise 2 using the notes below. Make sure you write the numbers out in full.

a ★ 30 ans
b ★ 29/2
c ★ petit, intelligent, timide
d ★ 20 frères, 25 sœurs
e ★ ☹ le sport ☺ les planètes, Mars, Mercure, Jupiter...

connectives: *et, mais, aussi*
qualifiers: *assez, très, un peu, trop*

Feeling confident? ☺ 😐 ☹ ◯

1 Qu'est-ce que tu penses de tes matières?
(pages 36–37)

1 The table shows the results of a survey about school subjects. Read sentences 1–3 below. Who is talking? Write the correct name.

Ali			nice teacher			teacher too strict		hard
Enzo	hard	easy			nice teacher			
Sofia		nice teacher	easy	hard				
Marion	teacher too strict							

Je déteste | Je n'aime pas | J'aime assez | J'aime | J'adore

1 Je déteste les maths parce que c'est difficile. ....

2 J'adore le français parce que la prof est sympa. ....

3 J'aime assez l'anglais parce que c'est facile. ....

2 Look at the results of the survey again and complete the following sentences.

1 **Ali:** Je.......... l'histoire – c'est ....

2 **Sofia:** J'.......... le français – c'est .... ,
mais je n'aime pas les sciences.

3 **Marion:** Je déteste .... parce que le prof est ....
J'.......... le théâtre et les arts plastiques.

3 On a separate sheet give your own opinion about three different subjects and give reasons.

Feeling confident?

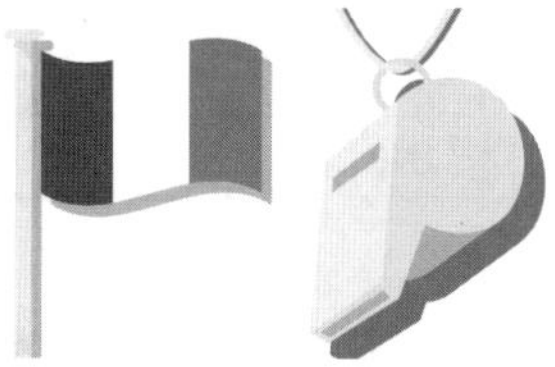

4 Tu aimes faire ça?
(pages 66–67)

1 Draw lines to match the two halves of the phrases.

1	écouter	a	des chansons
2	envoyer	b	avec mes copains/copines
3	prendre	c	de la musique
4	partager	d	des vidéos
5	tchatter	e	des selfies
6	télécharger	f	des SMS

2 Read these texts, then tick or cross the boxes in the table using the key.

Théo Je n'aime pas télécharger des chansons mais j'adore faire du sport, surtout du basket.

Jade Le basket? Ah, non, je n'aime pas faire du sport. Moi, j'adore prendre des selfies et j'aime aussi partager des photos. Ma copine Solène déteste prendre des selfies et partager des photos parce qu'elle est timide.

Louis Mon copain Yanis et moi, on adore télécharger des chansons parce que c'est facile. On aime aussi faire du sport, par exemple des randonnées. Ensuite, on aime partager les photos parce que c'est marrant!

	doing sport	downloading songs	taking selfies	sharing photos
Théo	✔✔ K	✗ J	B	L
Jade	H	O	G	F
Solène	G	U	A	I
Louis	E	E	E	S
Yanis	U	Z	R	S

aimer	✔
ne pas aimer	✗
adorer	✔✔
détester	✗✗

3 Look at the empty squares in the table. Write out the letters they contain, going from left to right, to spell out an activity. ....

4 Translate the sentences into French.

1 I love chatting online with my friends because it's cool.

....

2 I hate sending texts because it's rubbish.

....

Feeling confident?

1 **Tick the three statements that match the pictures.**

1

J'ai un petit chat noir. ☐

2

J'ai un oiseau noir. ☐

3

J'ai un lézard. ☐

4

J'ai un lapin et un cochon d'Inde. ☐

5

J'ai un grand chien blanc. ☐

6

J'ai trois serpents et quatre poissons. ☐

2 **Correct the three sentences that are wrong in exercise 1. Rewrite them here.**

....

....

....

To make a noun plural, add 's'. For example, *un chat, des chat**s***.
There are exceptions: ***un oiseau / des oiseaux***

3 **Complete the calculations using numbers from the box.**

dix	vingt	trente	quarante
cinquante	soixante	soixante-dix	
quatre-vingts	quatre-vingt-dix	cent	

If you get stuck, try writing the calculations out in figures first.

1 vingt + ... = cent

2 quatre-vingt-dix – .... = vingt

3 quarante + ... = cent

4 dix × quatre = ...

5 cent – dix = ...

6 dix × cinq = ...

Feeling confident?

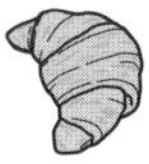 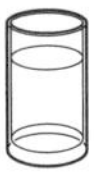 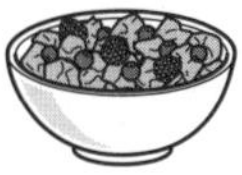 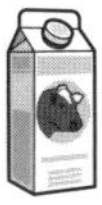 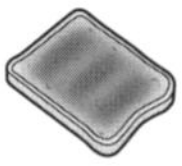 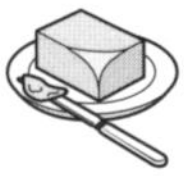 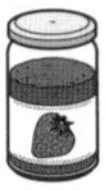 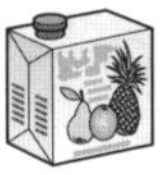 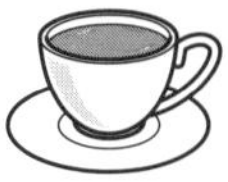 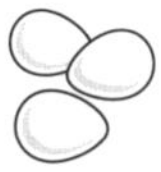 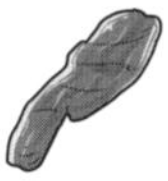 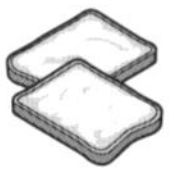  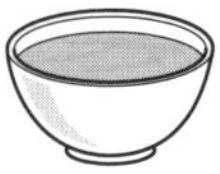 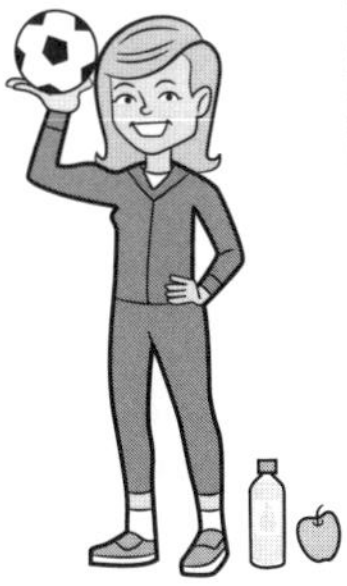

On fait la fête!
(pages 90–91)

1 Read the article. Look at the information in the headline and introduction, then answer the questions.

Adoscopie – spécial Québec

Le 24 juin: la fête nationale du Québec

Félix, un habitant de Montréal, Québec, partage la fête avec sa famillc.

❶ Le soir du 23 juin, Félix et sa famille font un dîner de fête avec des amis. Ses parents mangent la spécialité québécoise, la poutine. Ils boivent de la bière traditionnelle. Félix préfère les hot-dogs et le coca!

❷ Après le dîner, il y a le Grand Spectacle. Les parents de Félix adorent ce concert de musique traditionnelle. Félix n'aime pas trop le concert, mais il attend avec impatience le grand feu d'artifice à la fin du concert!

1 What special occasion is it? ....

....

2 Where does Félix live? ....

....

- Titles and headings can give clues to what a text is about.

2 Read paragraph 1. Circle the correct option to complete each sentence.

1 On 23 June, Félix and his family first go to **a dinner / a concert.**

2 *Poutine* is **something you drink / something you eat.**

3 Félix has ***poutine*** / **something else.**

- Use the context to understand unfamiliar words, e.g. ***poutine***.
- Spot familiar words which can help you understand, e.g. ***mangent, boivent***.
- Look for cognates or semi-cognates, e.g. ***hot-dogs, spécialité***.

3 Read paragraph 2. Tick the correct summary.

A Félix loves the concert. He doesn't like the fireworks. ☐

B Félix is not so keen on the concert but loves the fireworks afterwards. ☐

- Check the ending of verbs: *adore* → one person / *ador**ent*** → several people
- Small words can change the meaning of a sentence e.g. ***ne ... pas, mais***.

Feeling confident? ☺ 😐 ☹ ◯

En focus
(pages 96–97)

1 Draw lines to match the French phrases to the English translations.

1	à cent mètres	a	nearby
2	à trente km	b	the sea
3	nous acceptons	c	100 m away
4	la forêt	d	30 km away
5	la mer	e	the forest
6	à proximité	f	we accept

Use cognates to help you guess words you don't know.

2 Read the adverts for rented accommodation. Which one would you recommend to the people below? Write A, B or C in each box.

Locations de vacances

Vannes et sa région

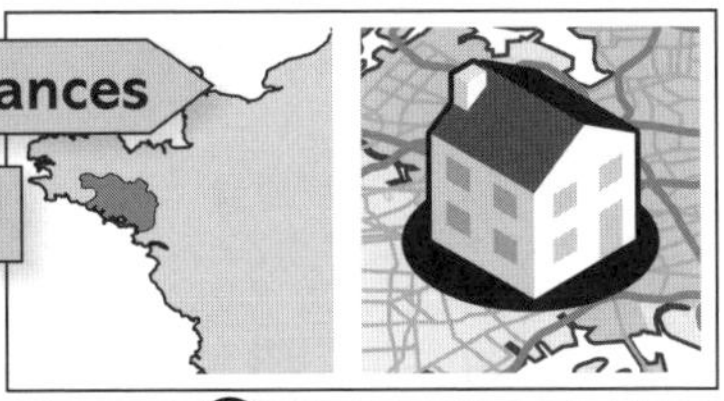

A
- Petit appartement, confortable pour 2/3 personnes, à cent mètres de la mer
- Activités à proximité: natation et voile
- Nous acceptons les chats mais pas les chiens

B
- Petite maison pour 4 personnes à trente km de la mer
- Deux chambres doubles, cuisine, salle de bains et jardin
- Activités à proximité: randonnées dans la forêt
- Animaux acceptés

C
- Grande maison (6–8 personnes) à cinquante mètres de la mer
- Activités à proximité: natation, voile, canoë-kayak
- Nous n'acceptons pas les chiens

1 A couple looking for a flat close to the sea [A]

2 A family with four children who want to be close to the sea [ ]

3 A couple with a cat who want to be close to the sea [ ]

4 A family with two children and a dog [ ]

5 A group of six friends who want to do water sports [ ]

6 A couple who want a house with a garden [ ]

Make sure you read the questions carefully.
- They give clues to what the text is about.
- They say what specific information you need to find.

Don't worry if you don't understand every word in the text.
- It won't stop you identifying the information that you need.
- Use strategies (e.g. cognates) to work out unfamiliar words.

Feeling confident?

Point de départ

le pays de Galles	*Wales*
le Portugal	*Portugal*
la Belgique	*Belgium*
la France	*France*
la Grèce	*Greece*
la Pologne	*Poland*
la Suisse	*Switzerland*
l'Allemagne	*Germany*
l'Angleterre	*England*
l'Écosse	*Scotland*
l'Espagne	*Spain*
l'Irlande	*Ireland*
l'Irlande du Nord	*Northern Ireland*
l'Italie	*Italy*
As-tu un animal?	*Have you got a pet?*
J'ai …	*I have …*
un chat	*a cat*
un chien	*a dog*
un cochon d'Inde	*a Guinea pig*
un hamster	*a hamster*
un lapin	*a rabbit*
un lézard	*a lizard*
un oiseau	*a bird*
un poisson	*a fish*
un serpent	*a snake*
Je n'ai pas d'animal.	*I don't have a pet.*
vingt	*20*
trente	*30*
quarante	*40*
cinquante	*50*
soixante	*60*
soixante-dix	*70*
quatre-vingts	*80*
quatre-vingt-dix	*90*
cent	*100*

Unité 1 – Décris-moi ta famille

la famille	*family*
la famille d'accueil	*foster family*
le (beau-)père	*(step-)father*
le grand-père	*grandfather*
le (demi-)frère	*(half/step-)brother*
le fils / la fille	*son / daughter*
la (belle-)mère	*(step-)mother*
la grand-mère	*grandmother*
la (demi-)sœur	*(half/step-)sister*
les parents	*parents*
il/elle est …	*he/she is …*
petit(e) / grand(e)	*small / tall*
de taille moyenne	*medium-sized*
il/elle a les yeux …	*he / she has … eyes*
bleus / verts / marron	*blue / green / brown*
il/elle a les cheveux …	*he/she has … hair*
noirs / blonds	*black / blond*
roux / gris / bruns	*red / grey / brown*
courts / longs / mi-longs	*short / long / medium-length*
bouclés / raides	*curly / straight*
une barbe	*a beard*
des taches de rousseur	*freckles*
des tatouages	*tattoos*
il/elle porte des lunettes	*he/she wears glasses*

Unité 2 – Où habites-tu?

Où habites-tu?	*Where do you live?*
J'habite …	*I live …*
en Angleterre	*in England*
au pays de Galles	*in Wales*
dans un appartement	*in a flat*
dans une maison	*in a house*
J'aime habiter ici.	*I like living here.*
Je n'aime pas habiter ici.	*I don't like living here.*
C'est …	*It's …*
tranquille / grand	*peaceful / big*
confortable	*comfortable*
trop petit	*too small*
Il n'y a pas de place.	*There's no space / room.*
le salon	*the living room*
la cuisine	*the kitchen*
la chambre	*the bedroom*
la salle de bains	*the bathroom*
la salle à manger	*the dining room*
le jardin	*the garden*

Feeling confident?

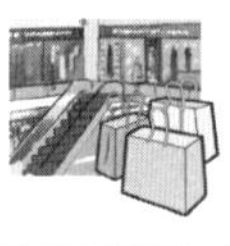 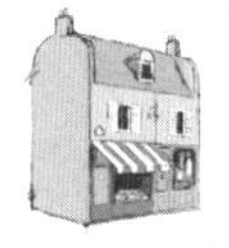 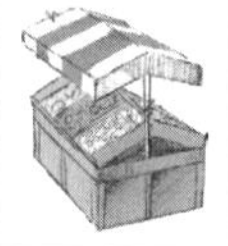  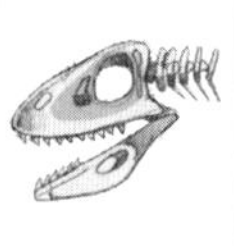 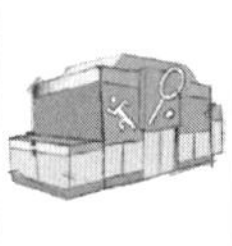 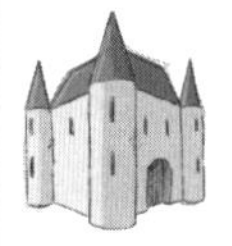 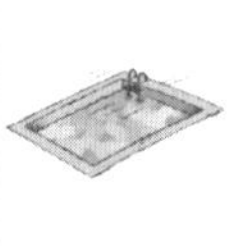  # Où vas-tu le weekend?
(pages 108–109)

1 Read Samuel's message about where he goes at weekends. Number the pictures in the order he mentions them.

Le samedi matin, je vais au stade ou à la piscine. Le samedi après-midi, je vais aux magasins avec ma mère et après nous allons au café. Le samedi soir, je vais au cinéma ou au bowling.

Le dimanche matin, je vais à l'église avec mon père. Le dimanche après-midi, nous allons à la plage ou au parc. Le dimanche soir, je reste à la maison.

a  ☐

b  1

c  ☐

d  ☐

e  ☐

f  ☐

g 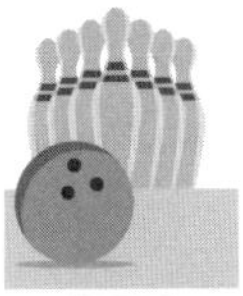 ☐

h  ☐

i 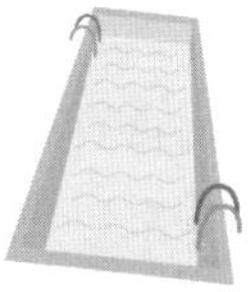 2

j  ☐

2 Translate the first paragraph of Samuel's message.

On Saturday mornings, I go to ... .

....

....

....

3 On a separate sheet write a similar message from Susie in French. Use the notes below. Start:

Le samedi matin, je ... .

Susie:	Saturday	Sunday
morning	swimming pool + shops	stadium
afternoon	café	beach + bowling
evening	cinema	stay at home

G

The word for 'to' ('I go **to**') varies in French:

à + ***le*** → ***au***	(masculine noun)
à + ***la*** → ***à la***	(feminine noun)
à + ***l'*** → ***à l'***	(noun starting with a vowel)
à + ***les*** → ***aux***	(noun in the plural)

Feeling confident?

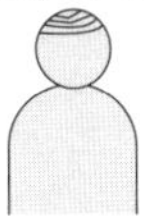

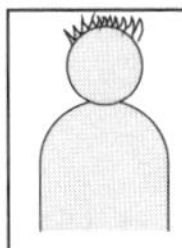

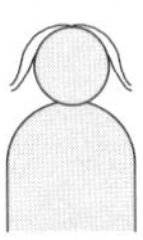

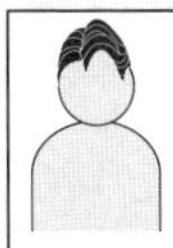

Grammaire 2
(page 125)

- *the near future tense*
- vouloir
- *present and perfect tenses*

1 Read what normally happens at the weekend (on the left) and complete what is going to happen next weekend (on the right) using *aller* + infinitive.

Normalement, le weekend, ...	Mais le weekend prochain, ...
je mange une pizza.	1 je ..vais manger.. un burger.
tu vas au marché.	2 tu .... au supermarché.
on regarde un film à la TV.	3 on .... un film au cinéma.
nous achetons des glaces.	4 nous .... des crêpes.
vous jouez au football.	5 vous .... au rugby.
mes parents mangent à la maison.	6 ils .... au restaurant.

2 Read the conversations and correct five forms of *vouloir* (to want).

1 ★ Tu veux aller à la patinoire?
◆ Oui, je ~~veut~~ bien.
......Je veux......................

2 ★ Je veux aller au centre commercial. Vous voulons venir?
◆ Oui, nous voulons bien.
....

3 ★ On va au café cet après-midi. Timéo veut venir?
◆ Non, il ne veux pas, mais Nathan et Emma veut bien.
....

4 ★ Juliette veut une glace à la vanille?
◆ Non, elle veulent une glace au chocolat.
....

G
je **veux**
tu **veux**
il/elle/on **veut**
nous **voulons**
vous **voulez**
ils/elles **veulent**

3 Circle the verb. Write whether it is in the present tense (pres) or the perfect tense (perf).

1 J'ai écouté un concert fantastique. ..perf....................
2 Je mange une crêpe au chocolat. ....
3 J'écoute de la musique tous les jours. ....
4 J'ai acheté un croquemonsieur. ....
5 J'ai regardé un film intéressant. ....
6 J'aime la cathédrale Notre-Dame. ....

present:
je visite → *I visit / I'm visiting*
perfect tense:
j'ai visité → *I visited / I've visited*

Feeling confident?

1 **Fill in the gaps to complete the English translations of the French phrases.**

1	Bonjour!	H .... !
2	Comment t'appelles-tu?	What .... ?
3	Je m'appelle Lily.	My .... Lily.
4	Comment ça va?	How .... ?
5	Ça va bien, merci.	I'm .... , thanks.
6	Au revoir!	G .... !
7	À plus!	See .... !

2 **Complete the text conversations using the correct phrases from the box.**

1

Comment ça va?

(happy) ....
....
....

2

Comment ça va?

(sad) ....
....
....

3

....
..............................?

(neutral) ....
....
....

(?) Comment ça va?	(neutral) Pas mal, merci.	(sad) Ça ne va pas!	(happy) Ça va bien, merci.

3 **Moussa has just met Sarah. Complete their first conversation using the icons to help.**

M: .... ! Comment t' .... ?

S: Salut! .... Sarah.

M: (?) .... ?

S: (neutral) ....

M: Au revoir, Sarah!

S: .... !

Feeling confident?

3 Tu aimes ça?
(pages 14–15)

1 Unjumble the sentences about likes and dislikes.

surtout	*especially*

1 rugby et | le sport | , surtout le | le foot. | J'aime

....

2 je n'aime | J'aime | pas le | cinéma. | les BD mais

....

3 nul! | Je n'aime | , c'est | pas | le volleyball

....

4 la musique | génial! | la danse et | , c'est | J'aime

....

5 pizzas. | les glaces | mais je | J'aime | n'aime pas les

....

2 Read the sentences again. Decide whether the opinions about the activities below are positive (☺) or negative (☹). Draw the correct face in the circles.

1 

2 

3 

4 

5 

6 

3 Read the messages. Who ...

1 loves ice cream?
Zoë

2 likes school <u>and</u> holidays?
....

3 likes cycling?
....

4 enjoys sport (2)?
....

5 doesn't like mangas?
....

6 thinks a type of music is rubbish?
....

Raphaël Salut! J'aime les vacances mais j'aime aussi le collège. Le sport, c'est super, surtout le rugby!

Maeva Bonjour! J'aime la danse et la musique mais je n'aime pas le rap. C'est moderne mais c'est nul.

Maxime Salut! J'aime les BD, surtout *Thorgal*, c'est genial! J'aime aussi *les Simpson* mais je n'aime pas les mangas.

Zoë Salut! J'aime les vacances, c'est génial! En vacances, j'aime surtout le vélo, le kitesurf et les glaces.

Feeling confident? ☺ 😐 ☹

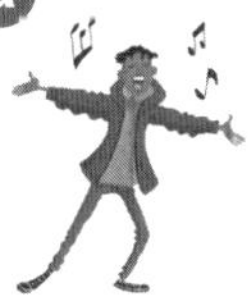
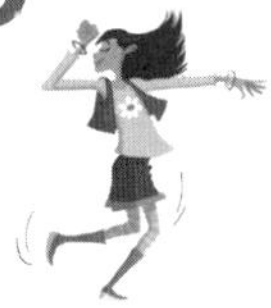
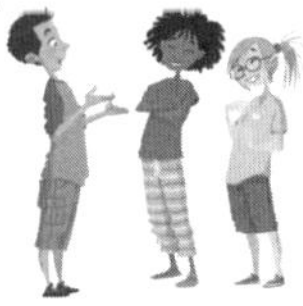
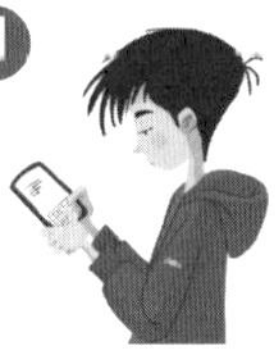
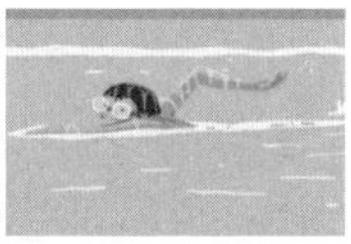
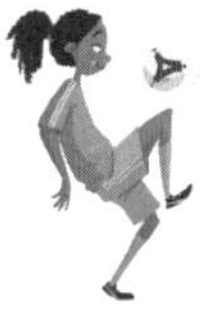

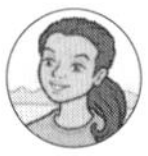
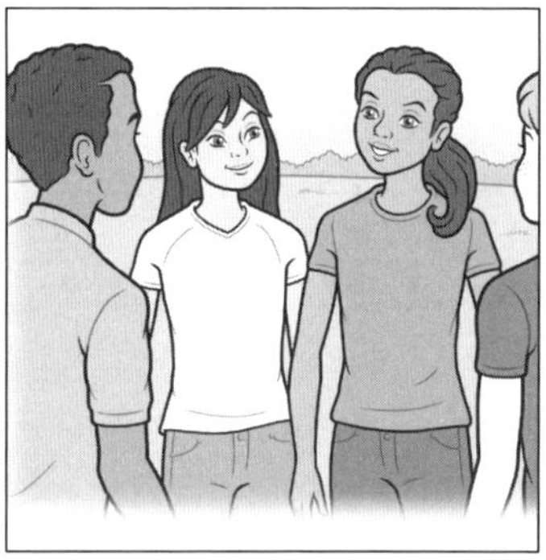

1 **How many adjectives can you add to the word clouds?** **Ready**

Appearance:

petit

Character:

timide

For help with vocabulary, look at page 14.

2 **Imagine what Lucile and Eliot are like. For each one, use:** **Get set**

- **<u>three</u> adjectives**
- **<u>two</u> qualifiers (*un peu, assez, très, trop*)**
- **a negative (*il / elle n'est pas ...*)**

1 Lucile est ....

....

Elle n'est pas ....

2 Eliot ....

....

Il ....

3 **Read the interview. Correct the mistakes in the sentences.** **Go!**

★ Bonjour! Comment t'appelles-tu?
◆ Bonjour. Je m'appelle Solène.
★ Tu es comment?
◆ Je suis assez intelligente et très amusante.
★ Quel âge as-tu?
◆ J'ai treize ans.
★ C'est quand, ton anniversaire?
◆ C'est le 23 janvier.
★ As-tu des frères et sœurs?
◆ Oui, j'ai un frère, Siméon, et une sœur, Mia.
★ Tu aimes le sport?
◆ J'aime le vélo, mais je n'aime pas le sport au collège.
★ Qu'est-ce que c'est pour toi, le collège?
◆ C'est retrouver mes amis et chanter dans la chorale. C'est super!

1 Solène is ~~twelve.~~
thirteen ....

2 She was born in June.
....

3 She has two sisters.
....

4 She likes football.
....

5 For Solène, school is meeting up with her friends and studying.
....
....

Feeling confident?

Grammaire 1
(page 28)

- *Indefinite and definite articles*
- *Adjectives*

1 Complete the sentences with the correct indefinite article: masculine (*un*), feminine (*une*) or plural (*des*).

> If you're not sure whether a noun is masculine or feminine, look at the Vocabulaire on page 14.

1 Dans ma salle de classe, il y a .... chaises, ... fenêtre et .... porte.

2 À gauche, il y a .... table, ... ordinateur et .... tablettes.

3 Au fond, il y a .... tableau noir, ... tableau blanc et .... écran.

2 Write the words below in the box with the correct definite article.

ordinateur chaises table tableau posters tablettes écran

Les	La	L'	Le
....	....	....	....
....	....	....	....
....	....	....	....

3 Complete the sentences with the correct definite and indefinite articles.

1 Dans ma salle de classe, il y a ...un... tableau. ...Le... tableau est moderne.

2 Il y a aussi .... chaises. ...Les... chaises sont au centre.

3 Il y a .... table. .... table est au fond.

4 Il y a .... tablettes. .... tablettes sont sur la table.

5 Il y a .... ordinateur. .... ordinateur est génial.

4 Circle the adjectives. Then write the feminine form for each below.

amusante, ...

....

....

> **G** If an adjective ends in *–e* in the masculine form, it stays the same in the feminine form.

Feeling confident?

Grammaire 2 (page 29)

• Avoir *and* être
• –er *verbs: infinitives and* je / il/elle

1 Write the correct form of *avoir* (to have) for each pronoun.

j' .... tu .... il/elle ....

a ai as

Now complete the sentences with the correct form of *avoir*.

1 J' ai............ douze ans.
2 Mon frère .... un an.
3 Tu .... onze ans.
4 Quel âge ....-tu?
5 Sara .... une demi-sœur.
6 Je n'................ pas de frères et sœurs.

2 Circle the correct form of *être* (to be) in each sentence.

1 Léo ***suis / es / est*** bavard.
2 Tu ***suis / es / est*** sympa.
3 Je ***suis / es / est*** fille unique.
4 Yasmine, tu ***suis / es / est*** timide?
5 Il ***est / suis / es*** fils unique.
6 Je ***ne suis / n'es / n'est*** pas arrogant.
7 Elle ***suis / es / est*** très amusante.
8 Samia, tu ***ne suis / n'es / n'est*** pas patiente!

3 Read Tom's post. Circle the infinitives and underline other forms of *–er* verbs.

Pour moi, le samedi, c'est retrouver mes amis et bavarder. Le dimanche, je surfe sur Internet et je tchatte en ligne mais je ne blogue pas.
Mon ami Enzo aime le sport. Le weekend, pour Enzo, c'est nager, jouer au basket, jouer au volleyball ...
Tom

G

The infinitive of regular ***–er*** verbs ends in '*er*':
jouer (to play)

You use the infinitive to form other parts of the verb:

je joue	I play
tu joues	you play
il/elle joue	he/she plays

4 Fill in the blanks to complete the translation of Tom's post in exercise 3.

For me, Saturdays are **1** meeting up with my friends and **2** ....

On Sundays, I surf the internet and I chat online but I do not blog.

My friend Enzo likes sport. Weekends, for Enzo, are **3** .... ,

4 .... basketball, **5** ....

Feeling confident?

Point de départ
(pages 34–35)

1 Read Superfille's busy schedule below. Draw the correct times on the clock faces.

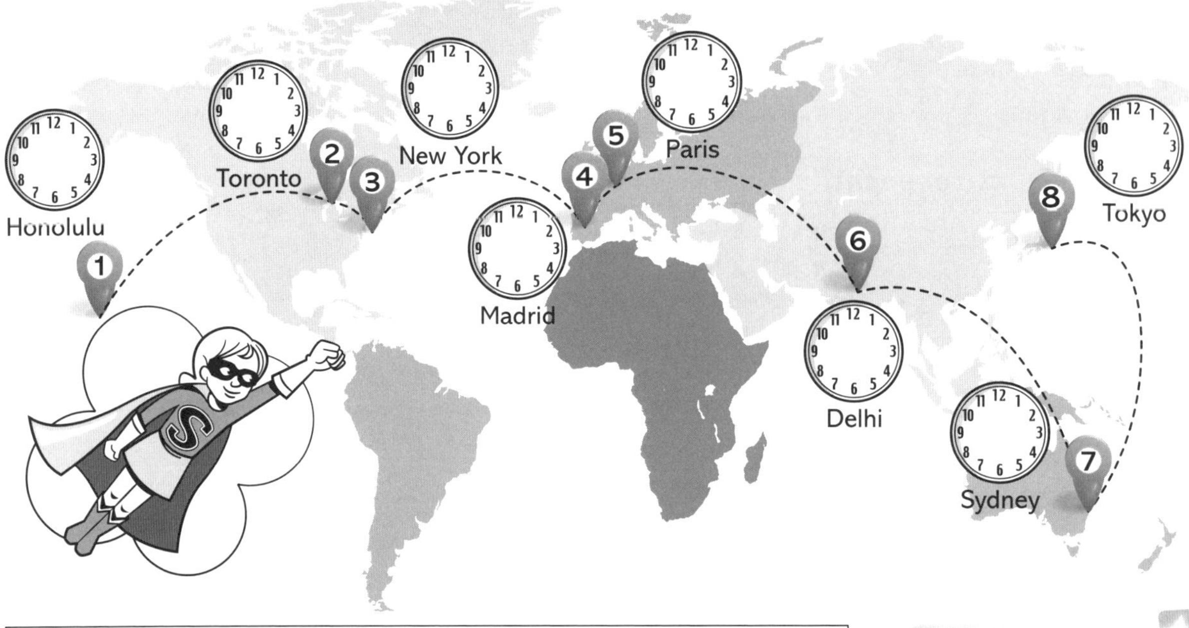

1 Honolulu, à midi.
2 Toronto, à une heure et quart.
3 New York, à trois heures et demie.
4 Madrid, à cinq heures moins le quart.
5 Paris, à sept heures moins vingt.
6 Delhi, à huit heures et demie.
7 Sydney, à onze heures vingt.
8 Tokyo, à minuit dix.

Note the ending of *demi(e)*:
midi/minuit et demi
*une heure et demi**e***
*deux heures et demi**e***

2 Look at the clocks and write the time using a full sentence.

Il est ... *It is ...*

1 05:55 Il est six heures moins cinq.
2 07:30 ....
3 03:45 ....
4 08:40 ....
5 11:15 ....
6 12:30 ....

3 Find a clock where you are and answer this question: *Quelle heure est-il?*

....

Feeling confident?

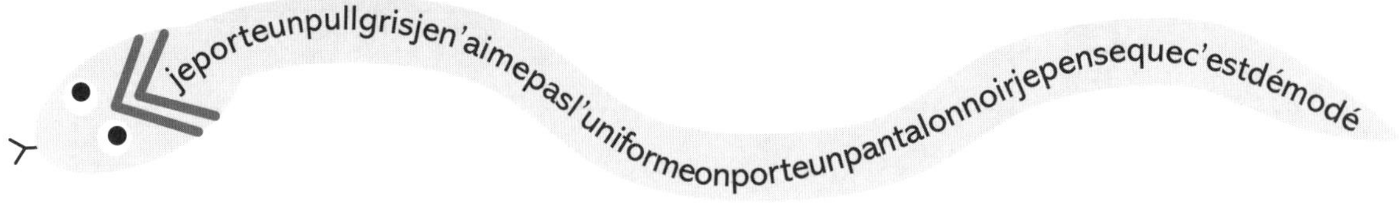

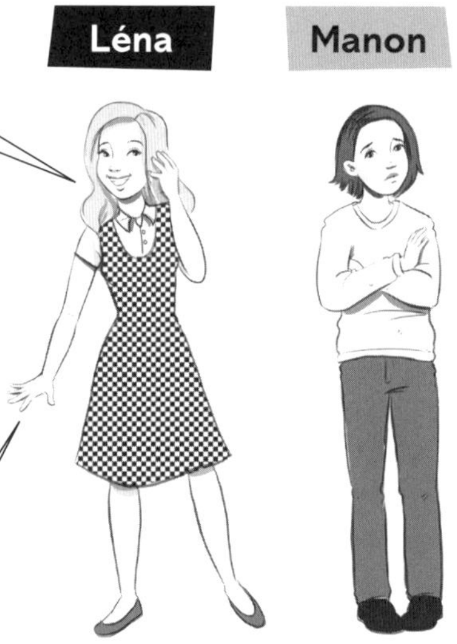

C'est comment, un collège français?

(pages 42–43)

1 Read the blog and translate the sentences below.

A Salut! Je m'appelle Alex. J'ai onze ans.
J'habite en Nouvelle-Calédonie. C'est très loin de la France, à plus de 16 700 kilomètres, dans l'hémisphère sud. Mais ici, on parle français!

B Pour moi, les grandes vacances, c'est de décembre à février. La rentrée scolaire, c'est le 19 février et il fait chaud, entre 20 et 28 degrés. Je porte un short, un tee-shirt et des sandales.

C Mon jour préféré, c'est le jeudi parce que j'ai deux heures d'EPS. L'EPS, c'est ma matière préférée, mais la prof n'est pas sympa.

D Et le jeudi, on mange de la ratatouille à la cantine. C'est mon plat préféré parce que je suis végétarienne.

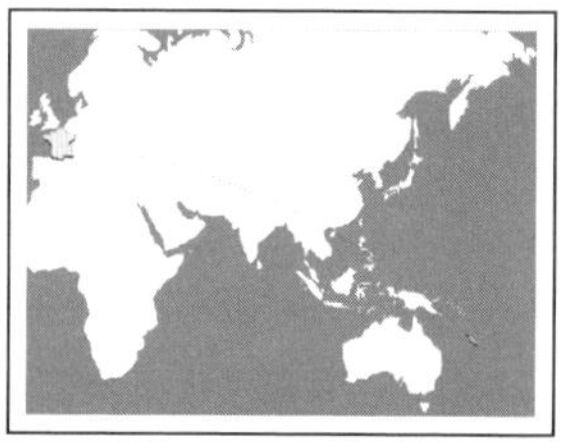

1 more than 16 700 kilometres ....

2 it's from December to February ....

3 we speak French ....

4 It's my favourite meal ....

2 Read the blog again. Each paragraph is summarised below. Write the correct paragraph letter in each box.

1 What Alex eats on Thursdays. ☐

2 Alex lives in a French-speaking country far away from France. ☐

3 Alex writes about going back to school after the holidays. ☐

4 Alex's favourite day. ☐

To understand the gist of a text:

- use any visual clues
- look for words that you already know
- look for words that are similar in French and English

3 Translate paragraph C from the blog into English.

....

....

....

Feeling confident?

5 Un collège super cool!

(pages 44–45)

Look at Vocabulaire on pages 26–27 if you're not sure which accent to use.

1 Complete Hugo's text with the letters from the box.

À é à ss ç é ~~é~~ nn ll è é â

Mon collège super cool est de tai_e moye___e. Il y a des él_ves amusants.

Il n'y a pas de profs s_vères. Les profs sont sympa.

On ne porte pas d'uniforme scolaire parce que c'est démod_.

On _tudie le sport. J'adore ça parce que c'est ma pa___ion! On étudie aussi le fran_ais et le thé_tre.

On commence les cours à dix heures. _ midi, on mange et _ treize heures, on fait du sport.

Il n'y a pas trop de devoirs.

Hugo

2 Read Hugo's text again. Find the French for the following words and phrases.

1 my super cool school is ....

2 there is/are ....

3 there isn't/aren't ....

4 we don't wear ....

5 because ....

6 we study ....

7 we start ....

8 too much/too many ....

3 Read Noé's notes about his super cool school. On a separate sheet, finish his text using phrases from exercise 1.

- *medium-sized school*
- *nice pupils*
- *not too many strict teachers*
- *we start lessons at 11:00*
- *study music – ♥ it because passion*
- *there is a choir*
- *wear school uniform because practical*
- *no homework*

Noé: Mon collège super cool est ...

une chorale	*a choir*
pratique	*practical*

Feeling confident?

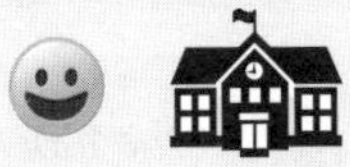 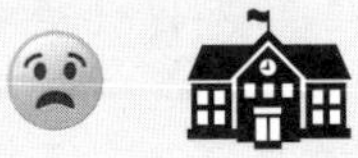      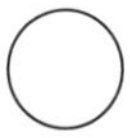

2 Qu'est-ce que tu fais?

(pages 62–63)

1 Choose the correct middle jigsaw piece to complete each French sentence. Then translate the sentences into English.

du | de la | de l' | des

1. Je fais .... théâtre. ➡ *I do drama.*
2. Je fais .... patin à glace. ➡ ....
3. Je fais .... équitation. ➡ ....
4. Je fais .... randonnées. ➡ ....
5. Je fais .... cuisine. ➡ ....

2 Circle the time or frequency phrase(s) in each sentence.

1. Dans mon collège, on fait du sport (tous les jours,) c'est génial.
2. Léa fait du vélo quand il fait beau et en hiver elle fait du ski.
3. Milo fait du judo tous les mercredis.
4. Tom fait souvent de la natation et il fait parfois de l'athlétisme.
5. Inès fait des randonnées tous les weekends, elle adore ça.

3 Read the sentences in exercise 2 again. Correct each person's lie below.

En hiver, je fais du vélo.

Léa: *En hiver, je fais du ski.*

Je fais souvent de la gymnastique.

Tom: ....

Je fais des randonnées quand il fait beau.

Inès: ....

Je fais du théâtre tous les mercredis.

Milo: ....

4 On a separate sheet write three sentences about what activities you do and how often you do them.

Je fais souvent de la natation. Tous les weekends, je fais aussi du théâtre ...

Feeling confident?

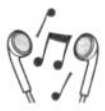 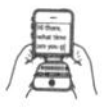     # Décris-moi ta famille

(pages 84–85)

1 **Complete Vampira's family tree using the words in the box. Include *mon/ma/mes*.**

~~grand-père~~	grand-mère	beau-père	père	demi-sœur	frère	mère

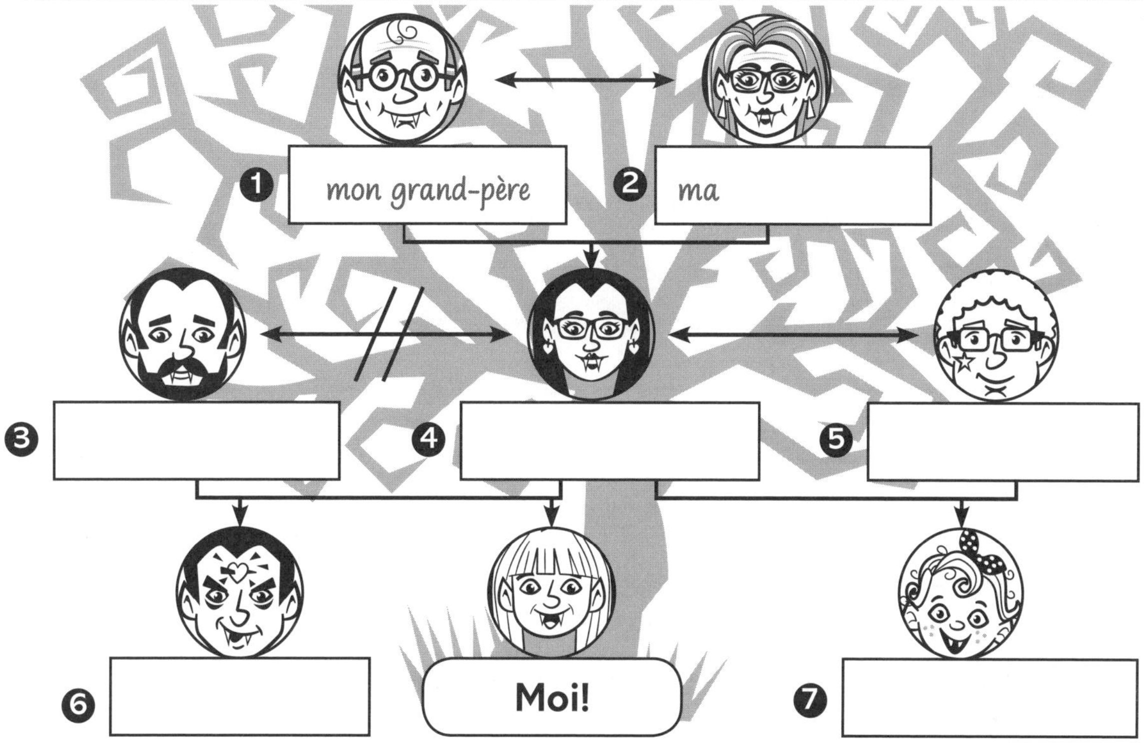

2 **Read Vampira's descriptions of different members of her family. Translate the English phrases using phrases from the text.**

Ma mère porte des lunettes et a les cheveux longs et noirs. Elle est sympa et très bavarde.
Mon père a les cheveux courts et noirs. Il a une barbe et il est assez timide.
Mon beau-père a les cheveux blonds et bouclés et il a des tatouages! Il est marrant.
Ma demi-sœur a des taches de rousseur, elle est amusante.

1 wears glasses ....

2 has long black hair ....

3 has a beard ....

4 has blond curly hair ....

5 has tattoos ....

6 has freckles ....

3 **On a separate sheet, write Vampira's description of her grandmother matching her portrait above. Use personality adjectives from the descriptions in exercise 2.**

Feeling confident?

Point de départ

le pays de Galles	*Wales*	un cochon d'Inde	*a Guinea pig*
le Portugal	*Portugal*	un hamster	*a hamster*
la Belgique	*Belgium*	un lapin	*a rabbit*
la France	*France*	un lézard	*a lizard*
la Grèce	*Greece*	un oiseau	*a bird*
la Pologne	*Poland*	un poisson	*a fish*
la Suisse	*Switzerland*	un serpent	*a snake*
l'Allemagne	*Germany*	Je n'ai pas d'animal.	*I don't have a pet.*
l'Angleterre	*England*	vingt	*20*
l'Écosse	*Scotland*	trente	*30*
l'Espagne	*Spain*	quarante	*40*
l'Irlande	*Ireland*	cinquante	*50*
l'Irlande du Nord	*Northern Ireland*	soixante	*60*
l'Italie	*Italy*	soixante-dix	*70*
As-tu un animal?	*Have you got a pet?*	quatre-vingts	*80*
J'ai …	*I have …*	quatre-vingt-dix	*90*
un chat	*a cat*	cent	*100*
un chien	*a dog*		

Unité 1 – Décris-moi ta famille

la famille	*family*	il/elle a les yeux …	*he / she has … eyes*
la famille d'accueil	*foster family*	bleus / verts / marron	*blue / green / brown*
le (beau-)père	*(step-)father*	il/elle a les cheveux …	*he/she has … hair*
le grand-père	*grandfather*	noirs / blonds	*black / blond*
le (demi-)frère	*(half/step-)brother*	roux / gris / bruns	*red / grey / brown*
le fils / la fille	*son / daughter*	courts / longs / mi-longs	*short / long / medium-length*
la (belle-)mère	*(step-)mother*	bouclés / raides	*curly / straight*
la grand-mère	*grandmother*	une barbe	*a beard*
la (demi-)sœur	*(half/step-)sister*	des taches de rousseur	*freckles*
les parents	*parents*	des tatouages	*tattoos*
il/elle est …	*he/she is …*	il/elle porte des lunettes	*he/she wears glasses*
petit(e) / grand(e)	*small / tall*		
de taille moyenne	*medium-sized*		

Unité 2 – Où habites-tu?

Où habites-tu?	*Where do you live?*	confortable	*comfortable*
J'habite …	*I live …*	trop petit	*too small*
en Angleterre	*in England*	Il n'y a pas de place.	*There's no space / room.*
au pays de Galles	*in Wales*		
dans un appartement	*in a flat*	le salon	*the living room*
dans une maison	*in a house*	la cuisine	*the kitchen*
J'aime habiter ici.	*I like living here.*	la chambre	*the bedroom*
Je n'aime pas habiter ici.	*I don't like living here.*	la salle de bains	*the bathroom*
C'est ...	*It's ...*	la salle à manger	*the dining room*
tranquille / grand	*peaceful / big*	le jardin	*the garden*

Feeling confident?

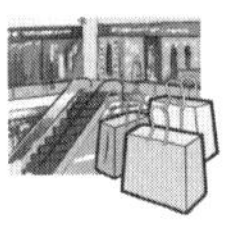 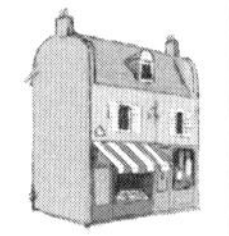 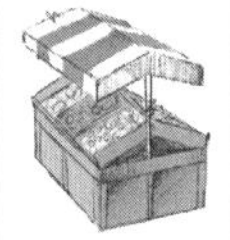 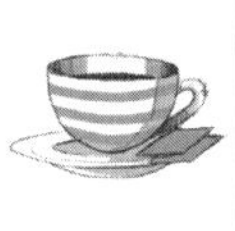 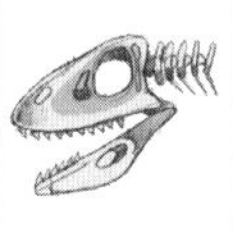 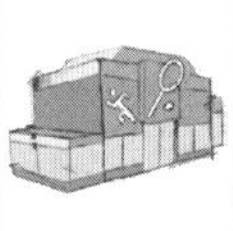 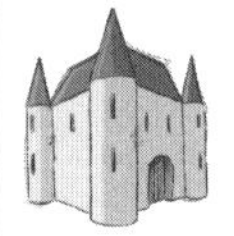 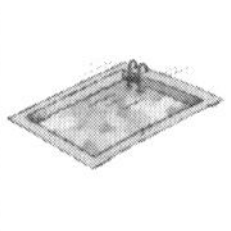  # 3 Vous désirez?

(pages 112–113)

1 Complete the conversation in the café between the waiter and the customers, using phrases from the boxes.

C'est combien, s'il vous plaît? | Et pour vous | voudrais | merci | pour moi | voilà | ~~vous désirez~~ | ça fait

.....Vous désirez....... , mademoiselle?

Je .... une crêpe au sucre et un Orangina, s'il vous plaît.

.... , monsieur?

.... , une glace au chocolat et un diabolo menthe, s'il vous plaît.

Très bien, merci.

****

Pardon monsieur. .... ?

.... seize euros cinquante, s'il vous plaît.

.... , merci.

.... , au revoir.

2 Circle eight words or phrases in exercise 1 that show the conversation is between strangers. (Some are repeated.)

3 Write a similar conversation using the notes below and exercise 1 to help you.

un café crème
un sandwich au fromage
un thé au lait
un croquemonsieur

Vous ....?

Je ....

....?

....

....

****

....?

....

....

....

Feeling confident?

Qu'est-ce que tu vas faire?

(pages 114–115)

1 Predict which of these activities Manu will do in each type of weather. Write a–e in the boxes.

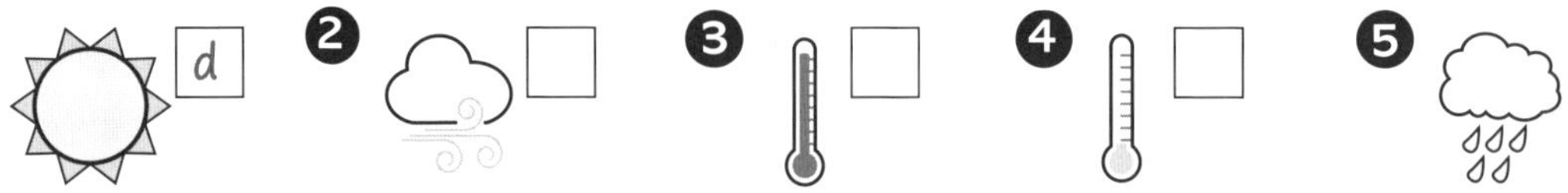

1 d 2 ☐ 3 ☐ 4 ☐ 5 ☐

a faire les magasins
b faire un pique-nique
c visiter le musée
d visiter la ville
e faire de la voile

2 Read Manu's text. Find the weather phrases and write them under the correct symbols.

Ce weekend, je vais aller à Vannes avec ma famille.

D'abord, s'il fait beau, je vais visiter la ville et me promener sur le port.

Après, s'il fait chaud, on va faire un pique-nique à la plage et peut-être se baigner dans la mer.

Ensuite, s'il y a du vent, mon père et moi allons faire de la voile et jouer au cerf-volant.

S'il fait froid, je vais faire les magasins avec ma mère et on va se réchauffer dans un salon de thé – et s'il pleut trop, on va visiter le musée et manger des crêpes!

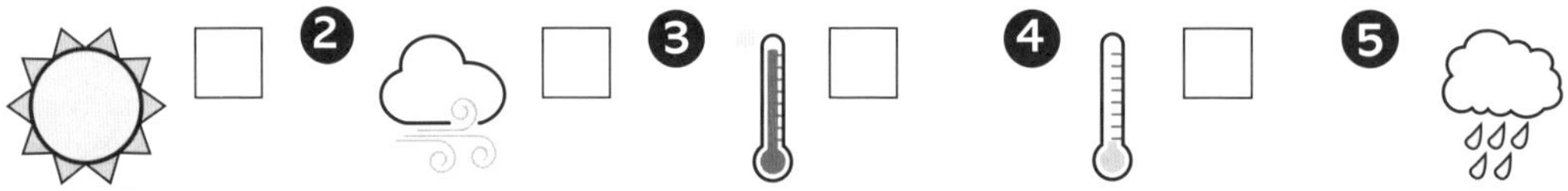

1 ☐ il fait beau
2 ☐ ....
3 ☐ ....
4 ☐ ....
5 ☐ ....

3 Read the text again and check your predictions in exercise 1. Were you correct? Tick or cross each one above.

Remember to use the context, and words you already know or can work out (cognates or near-cognates), e.g. ***port*** → port/harbour).

4 Manu mentions other activities. Draw lines to match each one with the English translation.

1	me promener sur le port	a	to play with a kite
2	se baigner dans la mer	b	to have a swim in the sea
3	jouer au cerf-volant	c	to eat pancakes
4	se réchauffer dans un salon de thé	d	to warm up in a tearoom
5	manger des crêpes	e	to go for a walk along the harbour

Feeling confident?

Point de départ

Qu'est-ce qu'il y a dans … ?	*What is there in … ?*
ta ville/ton village	*your town/village*
Il y a …	*there is …*
un centre de loisirs	*a leisure centre*
un centre commercial	*a shopping centre*
un château	*a castle*
un marché	*a market*
un musée	*a museum*
une mosquée	*a mosque*
une patinoire	*an ice rink*
une piscine	*a swimming pool*
des magasins	*(some) shops*
Il n'y a pas de café / magasins.	*There isn't a café./ There aren't any shops.*
Il n'y a pas d'église.	*There isn't a church.*
le prix	*price*
un euro	*one euro*
trois euros cinquante (3,50 €)	*three euros fifty*
un adulte / un enfant	*an adult / a child*
moins de 12 ans	*less than 12 years old*

Unité 1 – Où vas-tu le weekend?

Où vas-tu le weekend?	*Where do you go at the weekend?*
Je vais …	*I go …*
au bowling	*to the bowling alley*
au cinéma	*to the cinema*
au parc	*to the park*
au stade	*to the stadium*
à la piscine	*to the swimming pool*
à la plage	*to the beach*
à l'église	*to the church*
aux magasins	*to the shops*
le samedi	*on Saturday*
matin	*mornings /*
après-midi /	*afternoons /*
soir	*evenings*

Unité 2 – Tu veux aller au café?

Tu veux aller au café?	*Do you want to go to the café?*
Tu veux venir?	*Do you want to come?*
aujourd'hui	*today*
ce matin	*this morning*
cet après-midi	*this afternoon*
ce soir / weekend	*this evening / weekend*
Rendez-vous à quelle heure?	*What time will we meet?*
Rendez-vous à …	*Let's meet at …*
Merci.	*Thank you.*
Bonne idée!	*Good idea!*
Oui, je veux bien.	*Yes, I want to.*
D'accord	*OK*
Pourquoi pas?	*Why not?*
Non, merci.	*No, thanks.*
Désolé(e)!	*Sorry!*
Je ne veux pas.	*I don't want to.*
Tu rigoles!	*You're joking!*

Unité 3 – Vous désirez?

Vous désirez?	*What would you like?*
Pardon, madame/ monsieur.	*Excuse me, madam/ sir.*
Je voudrais …	*I would like …*
Pour moi …	*For me …*
un Orangina	*a fizzy orange*
un diabolo menthe	*a mint cordial*
une grenadine à l'eau	*a pomegranate cordial*
un café express	*an espresso coffee*
un café crème	*a milky coffee*
un chocolat chaud	*a hot chocolate*
un thé au lait/au citron	*a tea with milk/lemon*
un jus d'orange	*an orange juice*
un coca (light)	*a (Diet) Coke*
une eau minérale	*a mineral water*
un croquemonsieur	*a grilled cheese and ham sandwich*
un sandwich au fromage	*a cheese sandwich*
un sandwich au jambon	*a ham sandwich*
une crêpe au sucre	*a pancake with sugar*

Feeling confident?

Dynamo 1

www.pearsonschools.co.uk
myorders@pearson.com
ISBN 978-1-292-24869-1
9 781292 248691

Pearson

Pearson

Published by Pearson Education Limited, 80 Strand, London, WC2R ORL.

www.pearsonschoolsandfecolleges.co.uk

Text © Pearson Education Limited 2018

Developed by Nicola Lester and Lucy Loveluck
Edited by Antonia Maxwell

Written in collaboration with Danièle Bourdais and Geneviève Talon

Designed and typeset by Newgen KnowledgeWorks (P) Ltd, Chennai, India

Produced by Out of House Publishing

Original illustrations © Pearson Education Limited 2018
Illustrated by Beehive Illustration: Abdi, Tamara Joubert, Andy Keylock, Gustavo Mazali, Paul Moran, Martin Sanders, Arpad Olbey, Simon Rumble; John Hallett; KJA Artists: Jonathan, Mark, Neal, Pete; and Oxford Designers & Illustrators: Pete Ellis, Clive Goodyer, Andrew Hennessey, Alan Rowe.

Picture research by Integra Software Services Pvt Ltd

Cover photo © Shutterstock/K-Smile love

First published 2018

2022
10 9 8

British Library Cataloguing in Publication Data
A catalogue record for this product is available from the British Library

ISBN 978 1 292 24869 1

Printed in Slovakia by Neografia

Acknowledgements
The publisher would like to thank the following individuals and organisations for permission to reproduce copyright material:

Photographs:
Alamy Stock Photo: RENAULT Philippe/hemis.fr/b Hemis/Alamy Stock Photo, page 44.
Shutterstock: SpeedKingz, page 11, Simon Krzic, page 31.

Note from the publisher
Pearson has robust editorial processes, including answer and fact checks, to ensure the accuracy of the content in this publication, and every effort is made to ensure this publication is free of errors. We are, however, only human, and occasionally errors do occur. Pearson is not liable for any misunderstandings that arise as a result of errors in this publication, but it is our priority to ensure that the content is accurate. If you spot an error, please do contact us at resourcescorrections@pearson.com so we can make sure it is corrected.

1 Fill in the gaps to complete the English translations of the French phrases.

1	Bonjour!	H .... !
2	Comment t'appelles-tu?	What .... ?
3	Je m'appelle Lily.	My .... Lily.
4	Comment ça va?	How .... ?
5	Ça va bien, merci.	I'm .... , thanks.
6	Au revoir!	G .... !
7	À plus!	See .... !

2 Complete the text conversations using the correct phrases from the box.

1

Comment ça va?

....
....
....

2

Comment ça va?

....
....
....

3

....
.............................?

....
....
....

Comment ça va?	Pas mal, merci.	Ça ne va pas!	Ça va bien, merci.

3 Moussa has just met Sarah. Complete their first conversation using the icons to help.

M: .... ! Comment t' .... ?

S: Salut! .... Sarah.

M: .... ?

S: ....

M: Au revoir, Sarah!

S: .... !

Feeling confident?

As-tu des frères et sœurs?

(pages 10–11)

1 Complete the sentences about brothers and sisters using the words from the box.

1 **Inès:** J'ai .... 

2 **Enzo:** J'ai .... 

3 **Flore:** J'ai un demi-frère et .... 

4 **Louis:** Je n'ai pas de .... 

5 **Bella:** Je suis .... 

6 **Antoine:** J'ai une sœur et .... 

7 **Ahmed:** Je suis .... 

frères et sœurs
fille unique
une demi-sœur
fils unique
un frère
une sœur
un demi-frère

2 Read the text and circle the correct form of *avoir* (to have).

1. Je m'appelle Éric. J' ***ai*** / ***as*** / ***a*** onze ans.
2. J' ***ai*** / ***as*** / ***a*** un frère, Noé. Il ***ai*** / ***as*** / ***a*** quinze ans.
3. J' ***ai*** / ***as*** / ***a*** aussi une demi-sœur, Tuyen.
4. Elle ***ai*** / ***as*** / ***a*** cinq ans.
5. Et toi ? ***Ai*** / ***As*** / ***A*** -tu des frères et sœurs?

avoir **(to have)** **G**	
j'ai	I have
tu as	you have
il a	he has
elle a	she has

3 Read the text and complete the profile in English.

Je m'appelle Gigi Hadid. J'ai vingt-trois ans. Je suis top model. J'ai une sœur, Bella. Elle a vingt-deux ans. Elle est aussi top model. J'ai un frère, Anwar. Il a dix-neuf ans. J'ai aussi deux demi-sœurs, Marielle et Alana.

Full name: ...Gigi Hadid........ Age: ....

Sister – name and age: ....

Brother – name and age: ....

Half-sister(s) – name(s): ....

Feeling confident?

2 Voici ma salle de classe!

(pages 12–13)

1 There are 11 classroom words hidden in the wordsearch. Circle them. Write the translations below using the correct indefinite article (*un*/*une*/*des*).

e	r	t	y	c	m	a	t	y	p
k	n	é	l	è	v	e	s	p	r
c	b	c	z	s	a	h	q	o	o
h	f	r	g	j	l	t	x	r	f
a	p	a	u	e	t	a	p	t	e
i	o	n	d	t	a	b	l	e	s
s	s	s	d	v	b	l	t	k	s
e	t	t	a	b	l	e	a	u	e
s	e	a	o	u	c	t	r	l	u
o	r	d	i	n	a	t	e	u	r
f	e	n	ê	t	r	e	x	m	b

1 board un tableau
2 chairs ....
3 poster ....
4 screen ....
5 tablet ....
6 door ....
7 teacher ....
8 pupils ....
9 tables ....
10 computer ....
11 window ....

2 Look at the picture and read the sentences. Circle the error in each sentence and rewrite them correctly.

1 Au fond de l'image, il y a un tableau blanc.
2 Au centre, il y a des tables, des chaises, des posters et des élèves.
3 La porte est à droite.
4 Sur le mur, à droite, il y a aussi un tableau noir.
5 Sur la table, à droite, il y a un ordinateur.

1 Au fond de l'image, il y a un tableau ....
2 ....
3 ....
4 ....
5 ....

Feeling confident?

1 Unjumble the sentences about likes and dislikes.

surtout *especially*

1 rugby et | le sport | , surtout le | le foot. | J'aime

....

2 je n'aime | J'aime | pas le | cinéma. | les BD mais

....

3 nul! | Je n'aime | , c'est | pas | le volleyball

....

4 la musique | génial! | la danse et | , c'est | J'aime

....

5 pizzas. | les glaces | mais je | J'aime | n'aime pas les

....

2 Read the sentences again. Decide whether the opinions about the activities below are positive (☺) or negative (☹). Draw the correct face in the circles.

1 
2 

3 
4 
5 
6 

3 Read the messages. Who ...

1 loves ice cream?
Zoë

2 likes school <u>and</u> holidays?
....

3 likes cycling?
....

4 enjoys sport (2)?
....

5 doesn't like mangas?
....

6 thinks a type of music is rubbish?
....

Raphaël Salut! J'aime les vacances mais j'aime aussi le collège. Le sport, c'est super, surtout le rugby!

Maeva Bonjour! J'aime la danse et la musique mais je n'aime pas le rap. C'est moderne mais c'est nul.

Maxime Salut! J'aime les BD, surtout *Thorgal*, c'est genial! J'aime aussi *les Simpson* mais je n'aime pas les mangas.

Zoë Salut! J'aime les vacances, c'est génial! En vacances, j'aime surtout le vélo, le kitesurf et les glaces.

Feeling confident? ☺ 😐 ☹ ◯

Tu es comment?

(pages 16–17)

1 Read about Alicia. Add ticks and crosses to the grid to show her personality.

Alicia

Je m'appelle Alicia. Je ne suis pas grande mais je suis très forte et patiente. Je ne suis pas timide. Je suis assez intelligente, amusante et bavarde. OK, je suis un peu arrogante ... mais je ne suis pas méchante.

Alicia	
funny	
shy	
intelligent	
strong	✓
tall	✗
short	
talkative	
nasty	
arrogant	
patient	

2 Complete Alicia's thoughts about Mathéo by translating the English words.

Mathéo est ...assez... petit........ (***quite short***) mais

il est .... (***strong***) et

il n'est pas .... (***shy***).

Il n'est pas .... (***very intelligent***)

mais il est .... (***too arrogant***).

Il est .... (***a bit talkative***)

et aussi .... (***quite funny***).

G Most adjectives have an extra '*e*' at the end in the feminine form, e.g. ***Il est bavard. Elle est bavarde.***

But some stay the same, e.g. ***timide***.

Don't forget to use masculine versions of adjectives to describe Mathéo.

3 Write a post for *www.mescopains.com* about yourself and a friend. Choose a friend of another gender.

- Je m'appelle ...
- Je suis assez / très / un peu / trop ...
- (Jules) est ...

If you want to say somebody is <u>not</u> something, use ***ne*** … ***pas*** around the verb ***être***. E.g. *Je **ne** suis **pas** … , Elle **n'**est **pas** …*

....

....

....

....

....

Feeling confident?

Qu'est-ce que tu fais?

(pages 18–19)

1 Write the correct letters in the boxes to match the sentences with the pictures.

1 Nager, c'est génial! ☐

2 Chanter, c'est ma passion. ☐

3 C'est super, surfer sur Internet. ☐

4 La rentrée, c'est retrouver mes amis. ☐

5 Ma vie, c'est jouer au foot. ☐

6 Le weekend, pour moi, c'est danser. ☐

2 Read this post on social media. Circle the *eight* infinitives. Write the English translations below.

Lilou J'adore les weekends! Pour moi, le samedi, c'est retrouver Jules et Aïcha et rigoler. Chanter dans la chorale avec Sarah, c'est sympa aussi. Danser? Non, je n'aime pas le club de danse, c'est nul.

Le dimanche, mon programme, c'est jouer avec mon chat, surfer sur Internet avec mon portable, bloguer ... et aussi tchatter avec mes amis!

1 to meet up with 2 .... 3 .... 4 ....

5 .... 6 .... 7 .... 8 ....

3 Read the post again and answer the questions in English.

1 Name two things Lilou enjoys doing on Saturdays.

....

2 Name one thing she doesn't enjoy. ....

3 When does she play with her pet? ....

4 How does she go online? ....

5 Name two things she does online. ....

Feeling confident?

6 Mon interview par vidéo!
(pages 20–21)

1 Write out these birthday dates in French.

Mon anniversaire, c'est ...

Use ***le premier*** for 'the first'.

❶ 

........le trente........

........juin........

❷ 

....

....

❸ 

....

....

❹ 

....

....

2 Unjumble each sentence to form a question.

a Quel | as-tu? | âge ....

b anniversaire? | quand, | ton | C'est ....

c comment? | es | Tu ....

d frères | sœurs? | As-tu | et | des ....

e le | Tu | sport? | aimes ....

3 Match these answers to the questions in exercise 2. Write the correct letter in the box.

1 J'ai douze ans. [a]

2 Non, mais j'aime la musique et aussi la danse. [ ]

3 Oui, j'ai une sœur et aussi un demi-frère. [ ]

4 Je suis assez grand, très sympa mais un peu trop bavard. [ ]

5 C'est le vingt-neuf novembre. [ ]

4 Imagine you are Qexyek the alien. On a separate sheet, write answers to the questions in exercise 2 using the notes below. Make sure you write the numbers out in full.

a ★ 30 ans

b ★ 29/2

c ★ petit, intelligent, timide

d ★ 20 frères, 25 sœurs

e ★ ☹ le sport ☺ les planètes, Mars, Mercure, Jupiter...

connectives: *et, mais, aussi*
qualifiers: *assez, très, un peu, trop*

Feeling confident? ☺ 😐 ☹ ◯

1 How many adjectives can you add to the word clouds? **Ready**

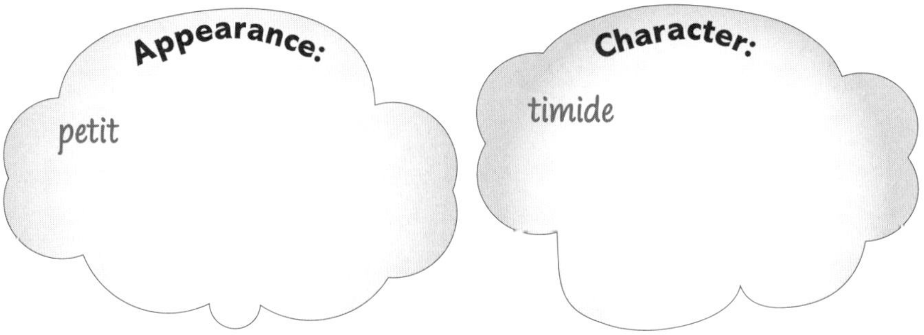

For help with vocabulary, look at page 14.

2 Imagine what Lucile and Eliot are like. For each one, use: **Get set**

- three adjectives
- two qualifiers (*un peu, assez, très, trop*)
- a negative (*il / elle n'est pas ...*)

1 Lucile est ....

....

Elle n'est pas ....

2 Eliot ....

....

Il ....

3 Read the interview. Correct the mistakes in the sentences. **Go!**

★ Bonjour! Comment t'appelles-tu?
◆ Bonjour. Je m'appelle Solène.
★ Tu es comment?
◆ Je suis assez intelligente et très amusante.
★ Quel âge as-tu?
◆ J'ai treize ans.
★ C'est quand, ton anniversaire?
◆ C'est le 23 janvier.
★ As-tu des frères et sœurs?
◆ Oui, j'ai un frère, Siméon, et une sœur, Mia.
★ Tu aimes le sport?
◆ J'aime le vélo, mais je n'aime pas le sport au collège.
★ Qu'est-ce que c'est pour toi, le collège?
◆ C'est retrouver mes amis et chanter dans la chorale. C'est super!

1 Solène is ~~twelve.~~
thirteen ....

2 She was born in June.
....

3 She has two sisters.
....

4 She likes football.
....

5 For Solène, school is meeting up with her friends and studying.
....
....

Feeling confident?

1 **Complete Maxime's text about school.**

J'aime ma salle de classe!

Il y a un  ....écran.... et des  .... Il y a aussi

un  .... blanc – c'est moderne. Sur les  .... ,

il y a des  .... et des  ....

2 **You post this picture on social media and want to describe it to your French friend. Answer the questions below using the notes to help you.**

au centre	*in the middle*
au fond	*at the back*
à gauche	*on the left*
à droite	*on the right*

C'est (assez/très) sympa.
C'est génial.
C'est (assez/très) moderne. /
Ce n'est pas moderne, mais ...

1 Qu'est-ce qu'il y a sur la photo?

Sur la photo, il y a ma salle de classe. À droite, ...

....

....

....

2 Tu aimes la photo?

....

....

Feeling confident?

1 **Complete the sentences with the correct indefinite article: masculine (*un*), feminine (*une*) or plural (*des*).**

If you're not sure whether a noun is masculine or feminine, look at the Vocabulaire on page 14.

1 Dans ma salle de classe, il y a .... chaises, ... fenêtre et .... porte.

2 À gauche, il y a .... table, ... ordinateur et .... tablettes.

3 Au fond, il y a .... tableau noir, ... tableau blanc et .... écran.

2 **Write the words below in the box with the correct definite article.**

ordinateur chaises table tableau posters tablettes écran

Les	La	L'	Le
....	....	....	....
....	....	....	....
....	....	....	....

3 **Complete the sentences with the correct definite and indefinite articles.**

1 Dans ma salle de classe, il y a ....un.... tableau. ....Le.... tableau est moderne.

2 Il y a aussi .... chaises. ....Les.... chaises sont au centre.

3 Il y a .... table. .... table est au fond.

4 Il y a .... tablettes. .... tablettes sont sur la table.

5 Il y a .... ordinateur. .... ordinateur est génial.

4 **Circle the adjectives. Then write the feminine form for each below.**

amusante, ...

....

....

If an adjective ends in *–e* in the masculine form, it stays the same in the feminine form.

Feeling confident?

1 **Write the correct form of *avoir* (to have) for each pronoun.**

j' .... tu .... il/elle ....

a ai as

Now complete the sentences with the correct form of *avoir*.

1 J' ai.............. douze ans.
2 Mon frère .... un an.
3 Tu .... onze ans.
4 Quel âge ....-tu?
5 Sara .... une demi-sœur.
6 Je n'................ pas de frères et sœurs.

2 **Circle the correct form of *être* (to be) in each sentence.**

1 Léo ***suis* / *es* / *est*** bavard.
2 Tu ***suis* / *es* / *est*** sympa.
3 Je ***suis* / *es* / *est*** fille unique.
4 Yasmine, tu ***suis* / *es* / *est*** timide?
5 Il ***est* / *suis* / *es*** fils unique.
6 Je ***ne suis* / *n'es* / *n'est*** pas arrogant.
7 Elle ***suis* / *es* / *est*** très amusante.
8 Samia, tu ***ne suis* / *n'es* / *n'est*** pas patiente!

3 **Read Tom's post. Circle the infinitives and underline other forms of *–er* verbs.**

Pour moi, le samedi, c'est retrouver mes amis et bavarder. Le dimanche, je surfe sur Internet et je tchatte en ligne mais je ne blogue pas.
Mon ami Enzo aime le sport. Le weekend, pour Enzo, c'est nager, jouer au basket, jouer au volleyball ...
Tom

G

The infinitive of regular *–er* verbs ends in '*er*':
jouer (to play)

You use the infinitive to form other parts of the verb:

je joue	I play
tu joues	you play
il/elle joue	he/she plays

4 **Fill in the blanks to complete the translation of Tom's post in exercise 3.**

For me, Saturdays are ❶ meeting up with my friends and ❷ ....
On Sundays, I surf the internet and I chat online but I do not blog.
My friend Enzo likes sport. Weekends, for Enzo, are ❸ .... ,
❹ .... basketball, ❺ ....

Feeling confident?

Point de départ

Bonjour.	*Hello.*	lundi, mardi	*Monday, Tuesday*
Salut!	*Hi!*	mercredi	*Wednesday*
Comment t'appelles-tu?	*What's your name?*	jeudi, vendredi	*Thursday, Friday*
Je m'appelle …	*My name is …*	samedi, dimanche	*Saturday, Sunday*
Comment ça va? (Ça va?)	*How are you? (Are you OK?)*	un, deux, trois, quatre, cinq	*1, 2, 3, 4, 5*
		six, sept, huit, neuf, dix	*6, 7, 8, 9, 10*
Ça va (très) bien.	*I'm (very) well.*	onze, douze, treize	*11, 12, 13*
Pas mal, merci.	*Not bad, thanks.*	quatorze, quinze	*14, 15*
Ça ne va pas!	*Not good!*	seize, dix-sept, dix-huit	*16, 17, 18*
Et toi?	*How about you?*	dix-neuf, vingt	*19, 20*
Au revoir.	*Goodbye.*	vingt-et-un, vingt-deux, (etc.)	*21, 22, (etc.)*
À plus!	*See you later!*	trente, trente-et-un	*30, 31*

Unité 1 – As-tu des frères et sœurs?

As-tu des frères et sœurs?	*Do you have any brothers or sisters?*	(trois) demi-sœurs.	*(three) half-/step-sisters.*
Oui. J'ai …	*Yes, I have …*	Je n'ai pas de frères et sœurs.	*I don't have any brothers or sisters.*
un frère.	*one brother.*	Je suis fils/fille unique.	*I am an only child.*
une sœur.	*one sister.*	Quel âge as-tu?	*How old are you?*
un demi-frère.	*one half-/step-brother.*	J'ai (onze) ans.	*I am (11) years old.*
(deux) frères.	*(two) brothers.*		

Unité 2 – Voici ma salle de classe!

Qu'est-ce qu'il y a sur la photo?	*What is on the picture?*	des tables	*some tables*
Sur la photo,	*On the picture,*	des chaises	*some chairs*
il y a …	*there is/are …*	des élèves	*some pupils*
un tableau (noir/blanc)	*a (black/white) board*	au fond	*at the back*
		au centre	*in the middle*
		à gauche	*on the left*
un poster	*a poster*	à droite	*on the right*
un/une prof (professeur)	*a teacher*	C'est …	*It's …*
un écran	*a screen*	sympa.	*nice.*
un ordinateur	*a computer*	génial.	*great.*
une porte	*a door*	moderne.	*modern.*
une fenêtre	*a window*	triste.	*sad.*
une table	*a table*	nul.	*rubbish.*
une tablette	*a tablet*	démodé.	*old-fashioned.*

Unité 3 – Tu aimes ça?

Tu aimes …?	*Do you like …?*	le vélo	*cycling*
J'aime …	*I like …*	le collège	*school*
Je n'aime pas …	*I don't like …*	le cinéma	*cinema*
le sport	*sport*	le poisson	*fish*
le foot	*football*	la danse	*dance*

Feeling confident?

la musique	*music*	les vacances	*holidays*
les pizzas	*pizzas*	les BD	*comics*
les serpents	*snakes*	les mangas	*mangas*
les glaces	*ice creams*	les araignées	*spiders*
les jeux vidéo	*video games*		

Unité 4 – Tu es comment?

Je suis …	*I am …*	grand(e)	*big/tall*
Je ne suis pas …	*I am not …*	intelligent(e)	*intelligent*
Il est/Elle est …	*He is/She is …*	méchant(e)	*nasty/bad*
amusant(e)	*funny*	patient(e)	*patient*
arrogant(e)	*arrogant*	petit(e)	*small/short*
bavard(e)	*talkative/chatty*	timide	*shy*
fort(e)	*strong*		

Unité 5 – Qu'est-ce que tu fais?

Ma vie, c'est …	*My life is …*	tchatter	*to chat/chatting (online)*
Pour moi, la rentrée, c'est …	*For me, going back to school is …*	rigoler	*to have/having a laugh*
chanter	*to sing/singing*	étudier	*to study/studying*
danser	*to dance/dancing*	nager	*to swim/swimming*
retrouver mes amis	*to meet up/meeting up with my friends*	jouer	*to play/playing*
bloguer	*to blog/blogging*	gagner	*to win/winning*
surfer	*to surf/surfing*		

Unité 6 – Mon interview par vidéo!

C'est quand, ton anniversaire?	*When is your birthday?*	janvier, février	*January, February*
		mars	*March*
Mon anniversaire, c'est …	*My birthday is on …*	avril, mai, juin	*April, May, June*
		juillet, août	*July, August*
le (15 mars/24 juin).	*the (15th March/ 24th June).*	septembre	*September*
		octobre, novembre	*October, November*
le premier	*the first*	décembre	*December*

Les mots essentiels – High-frequency words

mon/ma/mes	*my*	**Connectives**	
Pronouns		et	*and*
je	*I*	mais	*but*
tu	*you*	aussi	*also*
il	*he*	**Qualifiers**	
elle	*she*	assez	*quite*
Articles		très	*very*
un/une/des	*a(n)/some*	trop	*too*
le/la/l'/les	*the*	un peu	*a bit*

Feeling confident?

1 Read Superfille's busy schedule below. Draw the correct times on the clock faces.

1	Honolulu, à midi.	5	Paris, à sept heures moins vingt.
2	Toronto, à une heure et quart.	6	Delhi, à huit heures et demie.
3	New York, à trois heures et demie.	7	Sydney, à onze heures vingt.
4	Madrid, à cinq heures moins le quart.	8	Tokyo, à minuit dix.

Note the ending of *demi(e)*:
midi/minuit et demi
une heure et demie
deux heures et demie

2 Look at the clocks and write the time using a full sentence.

Il est ... *It is ...*

1 05:55 Il est six heures moins cinq.

2 07:30 ....

3 03:45 ....

4 08:40 ....

5 11:15 ....

6 12:30 ....

3 Find a clock where you are and answer this question: *Quelle heure est-il?*

....

Feeling confident?

1 **The table shows the results of a survey about school subjects. Read sentences 1–3 below. Who is talking? Write the correct name.**

			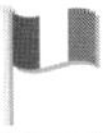					
Ali			nice teacher			teacher too strict		hard
Enzo	hard	easy			nice teacher			
Sofia		nice teacher	easy	hard				
Marion	teacher too strict							

Je déteste — Je n'aime pas — J'aime assez — J'aime — J'adore

1 Je déteste les maths parce que c'est difficile. ....

2 J'adore le français parce que la prof est sympa. ....

3 J'aime assez l'anglais parce que c'est facile. ....

2 **Look at the results of the survey again and complete the following sentences.**

1 **Ali:** Je.......... l'histoire – c'est ....

2 **Sofia:** J'.......... le français – c'est .... ,
mais je n'aime pas les sciences.

3 **Marion:** Je déteste .... parce que le prof est ....
J'.......... le théâtre et les arts plastiques.

3 **On a separate sheet give your own opinion about three different subjects and give reasons.**

Feeling confident?

Qu'est-ce que tu portes?
(pages 38–39)

1 Find and circle four sentences in the word snake below. Write each sentence next to the correct English translation.

1 I don't like the uniform. ....

2 We wear black trousers. ....

3 I wear a grey jumper. ....

4 I think it's old-fashioned. ....

2 Use all of the words in the box to complete this speech bubble. Be careful with the word order and adjective endings!

blanche	et	noire	grises	robe
une	chaussures	et	des	

J'aime assez l'uniforme scolaire. Je pense que c'est chic! Je porte ...
....
....

Léna

Manon

3 Look at the two pictures. Who is speaking in exercise 2? ....

4 Imagine what the other girl is saying and complete her speech bubble. Remember to include an opinion in your answer.

....
....
....
....
....

G

Always include an article before French nouns:
des chaussures blanches
(white shoes)

Feeling confident?

3 Ta journée scolaire est comment?

(pages 40–41)

1 Translate the following verb infinitives into English.

1 chanter ....to sing....

2 arriver ....

3 commencer ....

4 manger ....

5 quitter ....

6 recommencer ....

7 rentrer ....

8 retrouver ....

2 Look at Vampira's typical 'school night'. Complete each caption using the correct form of a verb from the list above.

G Regular *–er* verb endings

je	→	–e
tu	→	–es
il/elle/on	→	–e

1

Je ....quitte.... la maison à minuit.

2

Je .... mes copains à minuit et quart.

3

On .... au collège à une heure moins le quart.

4

À une heure, on .... les cours. J'adore la biologie!

5

Après, à trois heures et demie, je .... à la cantine.

6

Je .... à la maison à cinq heures.

3 Imagine the daily routine of a young singer at stage school: write his/her diary on a separate sheet. Use all eight verbs from exercise 1 and try to avoid using *je* all the time!

chanter dans la chorale	*to sing in the choir*

Feeling confident?

1 Read the blog and translate the sentences below.

A Salut! Je m'appelle Alex. J'ai onze ans.

J'habite en Nouvelle-Calédonie. C'est très loin de la France, à plus de 16 700 kilomètres, dans l'hémisphère sud. Mais ici, on parle français!

B Pour moi, les grandes vacances, c'est de décembre à février. La rentrée scolaire, c'est le 19 février et il fait chaud, entre 20 et 28 degrés. Je porte un short, un tee-shirt et des sandales.

C Mon jour préféré, c'est le jeudi parce que j'ai deux heures d'EPS. L'EPS, c'est ma matière préférée, mais la prof n'est pas sympa.

D Et le jeudi, on mange de la ratatouille à la cantine. C'est mon plat préféré parce que je suis végétarienne.

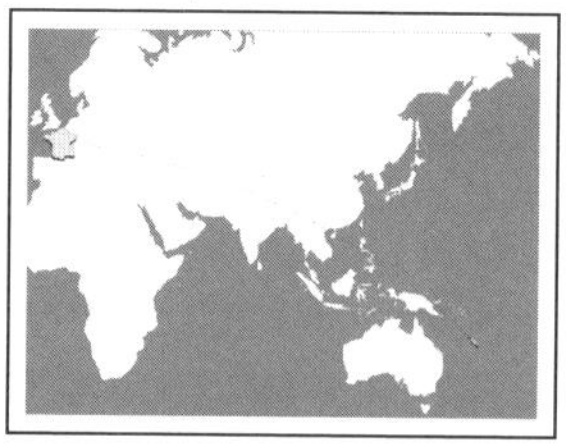

1 more than 16 700 kilometres ....

2 it's from December to February ....

3 we speak French ....

4 It's my favourite meal ....

2 Read the blog again. Each paragraph is summarised below. Write the correct paragraph letter in each box.

1 What Alex eats on Thursdays. ☐

2 Alex lives in a French-speaking country far away from France. ☐

3 Alex writes about going back to school after the holidays. ☐

4 Alex's favourite day. ☐

To understand the gist of a text:
- use any visual clues
- look for words that you already know
- look for words that are similar in French and English

3 Translate paragraph C from the blog into English.

....

....

....

Feeling confident?

1 Complete Hugo's text with the letters from the box.

Look at Vocabulaire on pages 26–27 if you're not sure which accent to use.

À é à ss ç é ~~è~~ nn ll è é â

Mon coll<u>è</u>ge super cool est de tai_e moye___e. Il y a des él_ves amusants.

Il n'y a pas de profs s_vères. Les profs sont sympa.

On ne porte pas d'uniforme scolaire parce que c'est démod_.

On _tudie le sport. J'adore ça parce que c'est ma pa___ion!
On étudie aussi le fran_ais et le thé_tre.

On commence les cours à dix heures. _ midi, on mange et _ treize heures, on fait du sport.

Il n'y a pas trop de devoirs.

Hugo

2 Read Hugo's text again. Find the French for the following words and phrases.

1 my super cool school is ....
2 there is/are ....
3 there isn't/aren't ....
4 we don't wear ....
5 because ....
6 we study ....
7 we start ....
8 too much/too many ....

3 Read Noé's notes about his super cool school. On a separate sheet, finish his text using phrases from exercise 1.

- *medium-sized school*
- *nice pupils*
- *not too many strict teachers*
- *we start lessons at 11:00*
- *study music – ♥ it because passion*
- *there is a choir*
- *wear school uniform because practical*
- *no homework*

Noé: Mon collège super cool est ...

une chorale	*a choir*
pratique	*practical*

Feeling confident?

1 Draw lines to match the beginning of the phrase with the correct ending. **Ready**

1	je chante	a	dans la chorale
2	une chemise	b	à la cantine
3	un pantalon	c	grise
4	des chaussettes	d	blanc
5	c'est ma matière	e	les sciences
6	on étudie	f	préférée
7	je mange	g	noires

2 Unjumble these sentences about school and write them in the correct order. **Get set**

1 Je démodé. parce que l'uniforme c'est déteste

....

2 maison quitte la Je à sept heures.

....

3 je D'abord, retrouve au amis mes collège.

....

4 collège mais il très Le grand est est très sympa.

....

5 c'est théâtre le parce que J'adore amusant.

....

6 Je chemise et blanche une porte un pantalon.

....

3 On a separate sheet, translate this paragraph into English. **Go!**

J'arrive au collège à neuf heures moins le quart. Je porte mon uniforme scolaire. Je porte un pantalon noir, une chemise blanche et un pull gris. On commence les cours à neuf heures. Ma matière préférée, c'est l'histoire.

Feeling confident?

En focus
(pages 48–49)

1 Translate these words into English.

1	ne … pas	....	4	et	....
2	trop	....	5	aussi	....
3	mais	....	6	parce que	....

These words are short but useful – they can explain or change the meaning of a sentence.

2 Read these opinions on school. Who says what? Add names to fill the gaps below.

Morgan Au collège, ça ne va pas. Les cours sont trop difficiles. Je suis très nul en maths et l'histoire, c'est ennuyeux.

Marina Perso, j'adore la rentrée scolaire parce que je retrouve mes amis et les profs. Je mange à la cantine mais ce n'est pas top.

Stef Mon collège est trop petit et il n'y a pas de clubs intéressants le midi. Il y a une chorale mais je n'aime pas chanter.

Léo Moi, le collège, ça va. Je suis très fort en anglais, c'est facile. Ma matière préférée, c'est l'histoire. J'aime aussi les maths mais c'est un peu ennuyeux.

Emma Mon collège est trop grand. Il y a des élèves méchants et il y a du harcèlement. Je suis timide et pour moi, c'est horrible!

1 Marina .... enjoys going back to school.
2 .... doesn't like school because they struggle in maths.
3 .... finds the school too big.
4 .... is bored in history.
5 .... doesn't think much of the canteen.
6 .... suffers from bullying at school.
7 .... loves history.

3 Translate the following sentences into French.

1 I don't like maths – it's easy but it's boring.

....

2 I am good at history and also at English.

....

3 I don't like my school because it's too big!

....

Feeling confident?

Grammaire 1

(page 52)

- *Likes and dislikes*
- *Definite articles*
- *Adjectives*

1 Find the correct verb forms and definite articles in the fruit machine to complete sentences 1–7.

1	Je	porte	l'	collège.
2	J'	déteste	le	sciences.
3	Tu	adore	la	français.
4	On	aimes	les	histoire.
5	Nous	aimez		géographie.
6	Vous	aimons		uniforme scolaire.
7	Ils	n'aiment pas		maths.

1 *Je déteste le collège.* ……………………………

2 ……………………………

3 ……………………………

4 ……………………………

5 ……………………………

6 ……………………………

7 ……………………………

G

You need to use the definite article before a noun when talking about likes and dislikes:

j'aime … ***le*** + masculine
la + feminine
l' + a vowel
les + plural

G

	masculine	feminine
singular	*noir*	*noire*
plural	*noirs*	*noires*

French adjectives normally come *after* the noun:
une robe noire

2 Rewrite these sentences correcting the error in each one. Look carefully at the position and agreement of the adjectives.

1 Je porte un pantalon grise. ……………………………

2 Il y a des sympa élèves. ……………………………

3 Je porte une violette jupe. ……………………………

4 Thomas est amusante. ……………………………

5 C'est ma préférée matière. ……………………………

Feeling confident?

Grammaire 2 (page 53)

- *Present tense*
- *Forming questions*

1 **Complete the table with the correct verb forms.**

	port<u>er</u>	**rentr<u>er</u>**	**mang<u>er</u>**
je	porte		mange
tu	portes		
il/elle/on	porte	rentre	
nous	port**ons**		mange**ons**
vous	port**ez**	rentr**ez**	
ils/elles	port**ent**		mang**ent**

2 **Complete the sentences with the correct form of the verb in brackets.**

1 Nous .... à la maison à quatre heures. ***(rentrer)***

2 Ils .... à la maison à trois heures et demie. ***(rentrer)***

3 Vous .... une cravate. ***(porter)***

4 Tu .... un pantalon. ***(porter)***

5 Elles .... à la cantine. ***(manger)***

6 On ne .... pas à la cantine. ***(manger)***

3 **Write four questions beginning with *Qu'est-ce que* … using the notes.**

qu'est-ce que tu …?	*what do you …?*
tu fais	*you do*

1  Qu'est-ce que tu aimes au collège ?

2  ....?

3 faire à  (midi) ....?

4 faire à  ....?

5 porter  ....?

Feeling confident?

Point de départ

Ici il y a …	*Here there is …*	violet(te)	*purple*
un cercle	*a circle*	en bas	*at the bottom*
un demi-cercle	*a semi-circle*	au centre	*at the centre*
un triangle	*a triangle*	à droite	*to the right*
blanc(he)	*white*	à gauche	*to the left*
bleu(e)	*blue*	Quelle heure est-il?	*What time is it?*
gris(c)	*grey*	Il est …	*It is …*
jaune	*yellow*	cinq heures	*five o'clock*
marron	*brown*	cinq heures dix/vingt	*ten/twenty past five*
noir(e)	*black*	cinq heures et quart	*quarter past five*
orange	*orange*	cinq heures et demie	*half past five*
rose	*pink*	cinq heures moins dix/vingt	*ten/twenty to five*
rouge	*red*	cinq heures moins le quart	*quarter to five*
vert(e)	*green*	midi/minuit	*midday/midnight*

Unité 1 – Qu'est-ce que tu penses de tes matières?

Qu'est-ce que tu penses de tes matières?	*What do you think of your subjects?*	j'adore …	*I love …*
le français	*French*	j'aime …	*I like …*
le théâtre	*drama*	j'aime assez …	*I quite like …*
la géographie	*geography*	je n'aime pas …	*I don't like …*
la musique	*music*	je déteste …	*I hate …*
la technologie	*technology*	C'est …	*It's …*
l'anglais	*English*	facile.	*easy.*
l'EPS	*P.E.*	difficile.	*difficult/hard.*
l'histoire	*history*	intéressant.	*interesting.*
l'informatique	*I.C.T.*	ennuyeux.	*boring.*
les arts plastiques	*art*	amusant.	*fun/funny.*
les maths	*maths*	créatif.	*creative.*
les sciences	*science*	nul.	*rubbish/awful.*
aimer	*to like*	le/la prof est sympa	*the teacher is kind*
détester	*to hate*	le/la prof est trop sévère	*the teacher is too strict*
adorer	*to love*	j'ai trop de devoirs	*I have too much homework*
Tu aimes … ?	*Do you like …?*		

Unité 2 – Qu'est-ce que tu portes?

Qu'est-ce que tu portes?	*What do you wear?*	une cravate	*tie*
je porte …	*I wear …*	une jupe	*skirt*
on porte …	*we wear …*	une veste	*jacket/blazer*
l'uniforme scolaire	*school uniform*	des chaussettes (f)	*socks*
un pantalon	*trousers*	des chaussures (f)	*shoes*
un polo	*polo shirt*	des baskets (f)	*trainers*
un pull	*jumper*	chic	*smart/stylish*
un sweat	*sweatshirt*	confortable	*comfy/comfortable*
un tee-shirt	*tee-shirt*	démodé(e)	*old-fashioned*
une chemise	*shirt*	pratique	*practical*

Feeling confident?

Unité 3 – Ta journée scolaire est comment?

Ta journée scolaire est comment?	*What is your school day like?*	je mange à la cantine	*I eat in the canteen*
je quitte la maison	*I leave the house*	je chante dans la chorale	*I sing in the choir*
j'arrive au collège	*I arrive at school*	je joue dehors	*I play outside*
je retrouve mes copains	*I meet (up with) my friends*	on recommence les cours	*we start lessons again*
on commence les cours	*we start lessons*	je rentre à la maison	*I go home*
		à (quatre) heures	*at (four) o'clock*

Unité 4 – C'est comment, un collège français?

Quel est ton jour préféré?	*What's your favourite day?*	Je suis fort(e) en maths.	*I am good at maths.*
Mon jour préféré, c'est le …	*My favourite day is …*	l'emploi du temps	*timetable*
J'ai deux heures d'anglais.	*I have two hours of English.*	la rentrée	*start of new school year*
C'est ma matière préférée.	*It's my favourite subject.*	les vacances	*holidays*

Unité 5 – Un collège super cool

Le collège est …	*The school is …*	une piscine.	*a swimming pool.*
grand / petit.	*big / small.*	des courts de tennis.	*tennis courts.*
de taille moyenne.	*medium-sized.*	Il n'y a pas de …	*There isn't … / aren't …*
Il y a 500 élèves.	*There are 500 pupils.*	harcèlement.	*bullying.*
On étudie …	*We study …*	toilettes sales.	*dirty toilets.*
le japonais.	*Japanese.*	profs trop sévères.	*too strict teachers.*
la cuisine.	*cookery.*	on porte …	*we wear …*
les arts martiaux.	*martial arts.*	Tu es d'accord?	*Do you agree?*
Il y a …	*There is / There are …*	Je (ne) suis (pas) d'accord!	*I (dis)agree!*
un cinéma en 3D.	*a 3D cinema.*		

Les mots essentiels – High-frequency words

Pronouns

on	*we/one/people*

Connectives

et	*and*
mais	*but*
parce que	*because*

Qualifiers

très	*very*
vraiment	*really*
trop	*too*

Question words

qu'est-ce que tu …?	*what do you …?*
à quelle heure?	*at what time?*
combien (de)?	*how many/ how much?*

Sequencing words

d'abord	*first of all*
ensuite/puis	*then*
après	*afterwards*

Feeling confident?

1 **Separate the phrases below and write them next to the correct weather symbols.**

IlfaitfroidIlyadusoleilIlneigeIlyaduventIlfaitmauvaisIlpleutIlfaitbeauIlfaitchaud

1  ....

2  ....

3  ....

4  ....

5  ....

6  ....

7  ....

8  ....

2 **Unjumble the sentences about the seasons.**

1 je porte | il fait beau, | un short. | Quand

....

2 il y a | En été, | du soleil. | il neige et

....

3 et un short. | Quand | je porte un pull | il fait chaud,

....

4 du vent | En automne, | et il pleut. | il y a

....

3 **Rewrite sentences 2 and 3 from exercise 2, correcting one detail in each so that they make sense.**

2 ....

3 ....

4 **On a separate sheet, write about the seasons. For each season, include:**

- what the weather is like
- what you wear
- an opinion.

- *un chapeau / un jean / un sweat*
- *J'aime / Je n'aime pas ... (l'hiver)*
- *c'est ... (amusant / ennuyeux / génial / nul)*

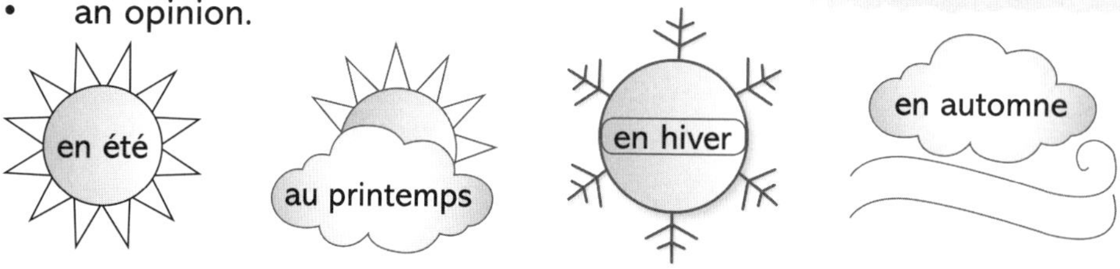

Feeling confident?

Tu es sportif/sportive?

(pages 60–61)

1 Read the online posts. Fill in the gaps with *au* (masculine), *à la* (feminine) or *aux* (plural). The article (*le*/*la*/*les*) is given in brackets to help you.

Tu es sportif/sportive?

Marina

Oui, je suis très sportive et je joue .... rugby ***(le)***! Je ne joue pas .... volleyball ***(le)*** mais je joue .... boules ***(les)***. L'hiver, au collège, nous jouons .... basket ***(le)*** mais au Canada, les élèves jouent .... hockey ***(le)*** sur glace!

Lucas

J'aime le foot à la télé mais je ne suis pas sportif. L'hiver, je joue .... billard ***(le)***. Avec mon frère Louis, nous jouons .... pétanque ***(la)***. Louis ne joue pas .... billard ***(le)***. En plus, je joue .... cartes ***(les)*** et j'adore les échecs.

Adam

Tu joues .... échecs ***(les)***, Lucas? Super! On joue en ligne?

2 Read the posts in exercise 1 again. Circle the 11 different forms of *jouer* (to play).

3 Look at the pictures and complete the sentences.

1 Tu joues au billard, Samia? 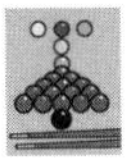

2 Non, je joue ....! 

3 Mon ami Tom joue .... 

4 Vous jouez ....? 

5 Non, nous jouons .... 

6 Les élèves jouent .... 

Je suis très / assez sportif/ve.
Je joue (au/à la/aux) …
mais je ne joue pas …
Mon ami(e) (Luc/Lucie) joue …
Il/Elle/On ne joue pas …

4 On a separate sheet, write three sentences about what sports you and your friends play or don't play.

Feeling confident?

1 **Choose the correct middle jigsaw piece to complete each French sentence. Then translate the sentences into English.**

du | de la | de l' | des

1 Je fais .... théâtre. ➡ I do drama.
2 Je fais .... patin à glace. ➡ ....
3 Je fais .... équitation. ➡ ....
4 Je fais .... randonnées. ➡ ....
5 Je fais .... cuisine. ➡ ....

2 **Circle the time or frequency phrase(s) in each sentence.**

1 Dans mon collège, on fait du sport (tous les jours,) c'est génial.
2 Léa fait du vélo quand il fait beau et en hiver elle fait du ski.
3 Milo fait du judo tous les mercredis.
4 Tom fait souvent de la natation et il fait parfois de l'athlétisme.
5 Inès fait des randonnées tous les weekends, elle adore ça.

3 **Read the sentences in exercise 2 again. Correct each person's lie below.**

En hiver, je fais du vélo.

Léa: En hiver, je fais du ski.

Je fais souvent de la gymnastique.

Tom: ....

Je fais des randonnées quand il fait beau.

Inès: ....

Je fais du théâtre tous les mercredis.

Milo: ....

4 **On a separate sheet write three sentences about what activities you do and how often you do them.**

Je fais souvent de la natation. Tous les weekends, je fais aussi du théâtre ...

Feeling confident?

Le sport dans les pays francophones
(pages 64–65)

1 Where do you do these sports: on water, in the snow or in the mountains? Write the number of each sport in the correct shape. Some can go in more than one.

1 l'alpinisme | 2 le canoë-kayak | 3 le canyoning | 4 la motoneige | 5 le rafting | 6 le ski alpin | 7 le snowboard

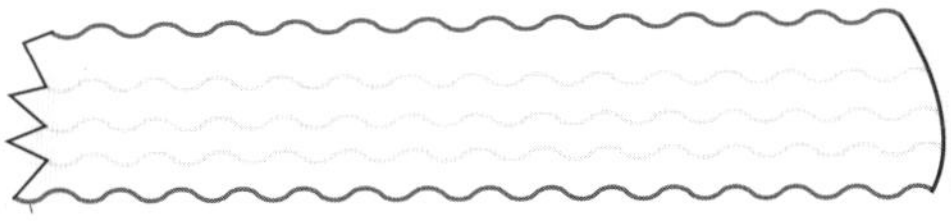

2 Read the article and find French translations for the following English words.

Le sport à La Réunion

La Réunion, c'est une île française dans l'océan Indien. Cette île volcanique et montagneuse est le paradis des sports de plein air.

Par exemple, on pratique le rafting le long de rivières rapides. Dans les montagnes, on fait aussi du trail.

Si on préfère le vélo, on peut faire du VTT.

Si on aime l'eau, on peut faire du ski nautique sur un lac. La Réunion, c'est super!

1 sport ....

2 ocean ....

3 volcanic ....

4 mountainous ....

5 paradise ....

6 rapid rivers ....

7 lake ....

Cognates are words that look similar in English and in French. The words in 1–7 are cognates.

3 Read the article again. Use the context (highlighted in the text) to help you circle the correct English translation for each of the following French words.

1 l'île *town* / *island*

2 le trail *guided tour* / *trail running*

3 le VTT *mountain bike* / *kayak*

4 le ski nautique *cross-country skiing* / *water-skiing*

4 Read the article again. Answer the questions about sport in La Réunion.

1 Where is the island of La Réunion? ....

2 Which **two** water sports can you do? ....

Feeling confident?

1 **Draw lines to match the two halves of the phrases.**

1 écouter
2 envoyer
3 prendre
4 partager
5 tchatter
6 télécharger

a des chansons
b avec mes copains/copines
c de la musique
d des vidéos
e des selfies
f des SMS

2 **Read these texts, then tick or cross the boxes in the table using the key.**

Théo Je n'aime pas télécharger des chansons mais j'adore faire du sport, surtout du basket.

Jade Le basket? Ah, non, je n'aime pas faire du sport. Moi, j'adore prendre des selfies et j'aime aussi partager des photos. Ma copine Solène déteste prendre des selfies et partager des photos parce qu'elle est timide.

Louis Mon copain Yanis et moi, on adore télécharger des chansons parce que c'est facile. On aime aussi faire du sport, par exemple des randonnées. Ensuite, on aime partager les photos parce que c'est marrant!

	doing sport	downloading songs	taking selfies	sharing photos
Théo	✔✔ K	✗ J	B	L
Jade	H	O	G	F
Solène	G	U	A	I
Louis	E	E	E	S
Yanis	U	Z	R	S

aimer	✔
ne pas aimer	✗
adorer	✔✔
détester	✗✗

3 **Look at the empty squares in the table. Write out the letters they contain, going from left to right, to spell out an activity.** ....

4 **Translate the sentences into French.**

1 I love chatting online with my friends because it's cool.

....

2 I hate sending texts because it's rubbish.

....

Feeling confident?

Questions, questions, questions!

(pages 68–69)

1 Unjumble the questions.

1 tu | le weekend? | faire | Qu'est-ce que | aimes

.... ☐

2 tu | du sport? | faire | Est-ce que | aimes

.... ☐

3 aimes | Est-ce que | des photos? | tu | partager

.... ☐

2 Write a letter in each box in exercise 1 to match the answers below with the correct questions.

a Non, je ne suis pas sportif mais quand il fait beau, j'aime jouer au tennis avec ma copine.

b Oui, j'aime partager mes selfies mais je déteste regarder les selfies de mes amis.

c J'adore chanter et danser avec mes amis.

★ ***Est-ce que** tu aimes faire de la cuisine?*
Do you like cooking?
◆ *Oui / Non ... parce que c'est ...*

★ ***Qu'est-ce que** tu aimes faire le lundi?*
What do you like doing on Mondays?
◆ *Le lundi, j'aime ... parce que ...*

3 Would you need *Est-ce que* or *Qu'est-ce que* to ask these questions in French? Write 'E' or 'Q' in each box.

1 Do you like swimming? ☐

2 What do you like to do at the weekend? ☐

3 Do you play football? ☐

4 What do you do on your phone? ☐

4 Write two more interview questions, one starting with *Est-ce que* ... and another starting with *Qu'est-ce que* ... Then imagine you are Rémi Rappeur and answer the questions.

Remember that you generally start your answer to *Est-ce que ...?* questions with *oui* or *non*.

Rémi Rappeur

★ ....

◆ ....

★ ....

◆ ....

Feeling confident? ☺ 😐 ☹ ◯

1 Complete each sentence with words from the box. **Ready**

amusant	ennuyeux	équitation	intéressant	jours	Regarder
~~marrant~~	natation	nul	~~patin à glace~~	randonnées	Télécharger

1. Souvent, je fais du patin à glace.
C'est marrant !

2. Je fais parfois des ....
mais c'est ....

3. .... de la musique tous
les ...., c'est super.

4. .... des vidéos,
c'est ....

5. Je fais de la ....
le mercredi mais c'est ....

6. Je fais souvent de l' ....
parce que c'est ....

2 Who would make good friends? Pair up these young people. **Get set**

Gabriel ➠	J'aime écouter de la musique.
Inès ➠	Je n'aime pas faire du ski.
Emma ➠	J'adore télécharger des chansons.
Lola ➠	J'adore tchatter avec mes copains.
Alex ➠	Je n'aime pas prendre des photos.
Chloé ➠	Je déteste prendre des selfies.
Hugo ➠	J'aime jouer aux cartes avec mes amis.
Jade ➠	Je déteste faire du snowboard.

1 .... and .... like music.

2 .... and .... don't like winter sports.

3 .... and .... like having fun with friends.

4 .... and .... don't like taking photos.

3 Write two sentences about things you like or don't like doing. Say how often you do them and give an opinion. **Go!**

....

....

Feeling confident?

En focus

(pages 72–73)

1 **Read the extract of a conversation between friends. Circle at least seven cognates (words that look similar to English).**

In French texts, speech marks look like this: « »

[Younès meets his school friend, Margot.]

Younès :	Ça va, Margot? Tu es triste?
Margot :	Oui, un peu. Papa veut que j'arrête l'équitation. « *Margot, 15 euros par semaine, c'est trop cher! Joue au badminton au collège – c'est gratuit.* » Le badminton! C'est nul, je déteste ça.
Younès :	Moi, je fais de la salsa le mercredi. Pablo, le moniteur, est cool, on rigole bien et ce n'est pas trop cher, 5 euros par semaine.
Margot :	Bonne idée. Je commence la semaine prochaine!

2 **Read the extract again. Complete the English translation of one section, using the context to help you.**

Margot : ... Papa veut que j'arrête l'équitation ... « *15 euros par semaine, c'est trop cher! Joue au badminton au collège – c'est gratuit.* »

Dad wants me to stop .... "15 euros per week, it's too .... ! Play badminton at school – it's ...."

3 **Read the extract in exercise 1 again. Write the correct letters to answer the questions.**

1 This story is about ... ☐
A sport.
B leisure activities.
C school.
D teachers.

2 To start with, Margot is ... ☐
A happy.
B angry.
C sad.
D tired.

3 Margot thinks that badminton is ... ☐
A expensive.
B better than horse riding.
C too far to get to.
D rubbish.

4 Margot wants to ... ☐
A think about the salsa class.
B tell her Dad about the salsa class.
C talk to friends about the salsa class.
D start the salsa class.

4 **On a separate sheet, write a message to your French friend, answering the question below. Give two opinions.**

Qu'est-ce que tu aimes faire quand il fait beau/froid?

Quand il fait beau, je ...
J'aime ... parce que ...
Quand il fait ...
Je n'aime pas ... parce que ...

Feeling confident? ☺ 😐 ☹ ◯

1 **Read the messages and circle the forms of *jouer* (to play). Then complete the notebook page with the correct forms.**

Tu joues aux boules, Ali?

Non, je joue au basket. Mon copain Simon joue au hockey. Ma copine Elsa joue au tennis. Elle joue aussi au foot! Parfois, Simon, Elsa et moi, on joue au billard.

Vous jouez au billard?

Oui, nous jouons au billard le samedi. Simon et Elsa jouent très bien. Et toi, tu joues au billard, Sam?

Non, je joue aux boules!

jouer

je	jou ....
tu	jou ....
il/elle/on	jou ....
nous	jou ....
vous	jou ....
ils/elles	jou ....

2 **Circle the correct option.**

1 Le lundi, je joue ***au*** / ***à la*** / ***aux*** tennis (m).

2 Le mardi, je joue ***au*** / ***à la*** / ***aux*** cartes (pl).

3 Le mercredi, je joue ***au*** / ***à la*** / ***aux*** rugby (m).

4 Le jeudi, je joue ***au*** / ***à la*** / ***aux*** pétanque (f).

5 Le weekend, je joue ***au*** / ***à la*** / ***aux*** boules (pl).

G

masculine:	*à + le* → ***au***
feminine:	*à + la* → ***à la***
plural:	*à + les* → ***aux***

3 **Complete the sentences with the correct form of *faire* (to do).**

1 Je ....fais.......... du sport tous les jours.

2 Tu .... du théâtre le weekend?

3 Au collège, on ne .... pas d'athlétisme.

4 Maëlle et Noé? Ils .... du rafting.

5 L'hiver, Noé .... du ski.

6 Vous .... de l'alpinisme?

7 Non, nous .... du canyoning.

G

*je **fais***
*tu **fais***
*il/elle/on **fait***
*nous **faisons***
*vous **faites***
*ils/elles **font***

Feeling confident?

Grammaire 2 (page 77)

- faire de ...
- aimer + *infinitive*
- est-ce que *and* qu'est-ce que

1 Complete the advert about activities in a youth club.

Club des jeunes! Vendredi: 18h–21h

On fait...
des randonnées.
.... équitation.
.... vélo.
.... natation.
.... cuisine.
.... théâtre.

G

de + le → ***du***
de + la → ***de la***
de + l' → ***de l'***
de + les → ***des***

2 Translate the sentences into French.

1 I love sending photos.

....

....

2 Paul likes watching videos.

....

....

3 I don't like downloading songs.

....

....

G

Use ***aimer/adorer/détester*** + the **infinitive** of another verb to say what you like or don't like doing:

*J'aime **tchatter**.*
I like **chatting online**.

*Il n'aime pas **bloguer**.*
He doesn't like **blogging**.

3 Match the interviewer's questions and Léa's answers.

1 Est-ce que tu joues à la pétanque?
2 Qu'est-ce que tu aimes faire au collège?
3 Est-ce que tu aimes jouer au tennis?
4 Qu'est-ce qu'on fait en EPS au collège?

a Oui, quand il fait beau j'adore jouer au tennis.
b Non, je n'aime pas la pétanque, c'est ennuyeux.
c J'aime chanter dans la chorale au collège.
d On fait de l'athlétisme.

4 On a separate sheet, write two more questions. You want to know:

- whether Léa likes skiing
- what she likes doing at weekends.

Feeling confident?

Point de départ

Quel temps fait-il?	*What's the weather like?*
Il fait beau.	*The weather's fine.*
Il fait mauvais.	*The weather's bad.*
Il fait chaud.	*It's hot.*
Il fait froid.	*It's cold.*
Il y a du soleil.	*It's sunny.*
Il y a du vent.	*It's windy.*
Il pleut.	*It's raining.*
Il neige.	*It's snowing.*
au printemps	*in spring*
en été	*in summer*
en automne	*in autumn*
en hiver	*in winter*
Quand (il pleut / il fait chaud)	*When (it rains / it is hot)*
Je reste à la maison.	*I stay at home.*

Unité 1 – Tu es sportif/sportive?

Je joue …	*I play …*
au basket	*basketball*
au billard	*pool*
au football (foot)	*football*
au rugby	*rugby*
au hockey	*hockey*
au tennis	*tennis*
au volleyball	*volleyball*
à la pétanque / aux boules	*boules*
aux cartes	*cards*
aux échecs	*chess*
Je suis	*I am*
Je ne suis pas	*I am not*
assez	*quite*
très	*very*
sportif / sportive	*sporty*
Il y a un garçon / une fille.	*There is a boy / a girl.*
Il/Elle joue …	*He/She is playing …*
Il/Elle porte …	*He/She is wearing …*
un short	*a pair of shorts*
un chapeau	*a hat*
une casquette	*a cap*
Le ciel est bleu / gris.	*The sky is blue / grey.*
Il y a un bâtiment.	*There is a building.*
Il y a une maison.	*There is a house.*
Il y a des arbres.	*There are some trees.*

Unité 2 – Qu'est-ce que tu fais?

Qu'est-ce que tu fais?	*What do you do?*
Je fais du skate.	*I go skateboarding.*
Je fais du patin à glace.	*I go ice skating.*
Je fais du vélo.	*I go cycling.*
Je fais du ski.	*I go skiing.*
Je fais du judo.	*I do judo.*
Je fais du théâtre.	*I do drama.*
Je fais de la cuisine.	*I do cookery.*
Je fais de la danse.	*I do dancing.*
Je fais de la gymnastique.	*I do gymnastics.*
Je fais de la natation.	*I go swimming.*
Je fais de l'athlétisme.	*I do athletics.*
Je fais de l'équitation.	*I go horse riding.*
Je fais des randonnées.	*I go hiking.*
Je ne fais pas de sport / danse, (etc.).	*I don't do sport / dancing, (etc.).*
Est-ce que tu fais souvent (du vélo)?	*Do you do / go (cycling) often?*
Je fais … (du vélo)	*I do / go (cycling) …*
parfois	*sometimes*
souvent	*often*
tout le temps	*all the time*
tous les jours	*every day*
tous les weekends	*every weekend*
tous les lundis/ mardis, (etc.)	*every Monday/ Tuesday, (etc.)*

Feeling confident?

Unité 3 – Le sport dans les pays francophones

On fait du ski (alpin).	*We/People go skiing.*
On fait du snowboard.	*We/People go snowboarding.*
On fait du rafting.	*We/People go rafting.*
On fait de l'alpinisme.	*We/People go mountaineering.*
On fait du canyoning.	*We/People go canyoning.*
On fait du canoë-kayak.	*We/People go canoeing.*
On fait de la voile.	*We/People go sailing.*
On fait de la planche à voile.	*We/People go windsurfing.*
On fait de la luge.	*We/People go tobogganing.*

Unité 4 – Tu aimes faire ça?

Qu'est-ce que tu aimes faire sur ton portable?	*What do you like doing on your phone?*
Qu'est-ce que tu aimes faire sur ta tablette?	*What do you like doing on your tablet?*
J'aime	*I like*
Je n'aime pas	*I don't like*
J'adore	*I love*
Je déteste	*I hate*
bloguer	*blogging*
écouter de la musique	*listening to music*
envoyer des SMS	*sending texts*
prendre des selfies	*taking selfies*
partager des photos / des vidéos	*sharing photos/ videos*
regarder des films	*watching films*
tchatter avec mes copains / copines	*chatting (online) with my mates*
télécharger des chansons	*downloading songs*
parce que c'est …	*because it's …*
amusant	*fun*
marrant	*funny*
ennuyeux	*boring*
facile	*easy*
intéressant	*interesting*
rapide	*fast*

Unité 5 – Questions, questions, questions!

Qu'est-ce que tu aimes faire …?	*What do you like doing …?*
le weekend	*at the weekend*
avec tes amis	*with your friends*
quand il pleut	*when it rains*
Est-ce que tu aimes … ?	*Do you like … ?*
faire du judo	*doing judo*
prendre des photos	*taking photos*
jouer aux échecs	*playing chess*

Les mots essentiels – High-frequency words

Question words

comment ... ?	*how … ? (also used to ask what someone or something is like)*
quand ...?	*when … ?*
quel(le/s) ... ?	*which/what … ?*
est-ce que tu … ?	*do you … ?*
qu'est-ce que tu … ?	*what do you … ?*

Prepositions

avec	*with*
en	*in*
sur	*on*

Other key words

tout/toute/tous/toutes	*all, every*

Feeling confident? 😃 😐 😟 ◯

1 **Tick the three statements that match the pictures.**

❶

J'ai un petit chat noir. ☐

❷

J'ai un oiseau noir. ☐

❸

J'ai un lézard. ☐

❹

J'ai un lapin et un cochon d'Inde. ☐

❺

J'ai un grand chien blanc. ☐

❻

J'ai trois serpents et quatre poissons. ☐

2 **Correct the three sentences that are wrong in exercise 1. Rewrite them here.**

....

....

....

To make a noun plural, add 's'. For example, *un chat, des chat**s***.
There are exceptions:
un oiseau / des oiseaux

3 **Complete the calculations using numbers from the box.**

dix	vingt	trente	quarante
cinquante	soixante	soixante-dix	
quatre-vingts	quatre-vingt-dix	cent	

If you get stuck, try writing the calculations out in figures first.

1 vingt + ... = cent

2 quatre-vingt-dix – .... = vingt

3 quarante + ... = cent

4 dix × quatre = ...

5 cent – dix = ...

6 dix × cinq = ...

Feeling confident?

1 **Complete Vampira's family tree using the words in the box. Include *mon/ma/mes*.**

~~grand-père~~	grand-mère	beau-père	père	demi-sœur	frère	mère

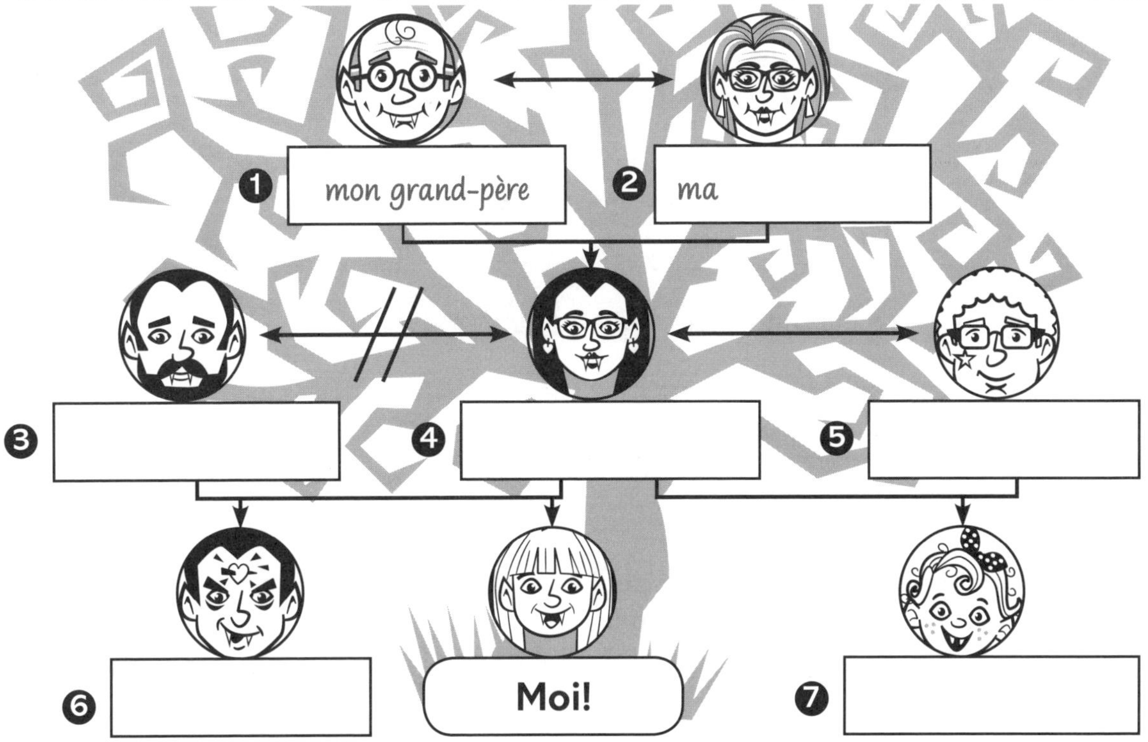

2 **Read Vampira's descriptions of different members of her family. Translate the English phrases using phrases from the text.**

Ma mère porte des lunettes et a les cheveux longs et noirs. Elle est sympa et très bavarde.
Mon père a les cheveux courts et noirs. Il a une barbe et il est assez timide.
Mon beau-père a les cheveux blonds et bouclés et il a des tatouages! Il est marrant.
Ma demi-sœur a des taches de rousseur, elle est amusante.

1 wears glasses ……………………………………

……………………………………………………

2 has long black hair ……………………………

……………………………………………………

3 has a beard ……………………………………

……………………………………………………

4 has blond curly hair ……………………………

……………………………………………………

5 has tattoos ……………………………………

……………………………………………………

6 has freckles ……………………………………

……………………………………………………

3 **On a separate sheet, write Vampira's description of her grandmother matching her portrait above. Use personality adjectives from the descriptions in exercise 2.**

Feeling confident?

Où habites-tu?

(pages 86–87)

1 Unjumble Ibrahim's sentences about where he lives.

1 un village | J'habite | dans | en France.

....

2 dans | En général, | nous mangeons | la cuisine.

....

3 Mes parents et moi | dans | habitons | une maison.

....

4 est petite | La maison | mais | elle est confortable.

....

5 Nous adorons | c'est tranquille. | parce que | habiter ici

....

2 Match Ibrahim's answers in exercise 1 to the questions below. Write the correct number in the box.

a Tu habites dans une maison ou dans un appartement? [3]

b Tu aimes bien habiter ici? [ ]

c Où habites-tu? [ ]

d C'est comment? [ ]

e Vous mangez où? [ ]

3 Write three sentences each for Claire and Rhys. Write about where they live, answering some of the questions from exercise 2. Make up the details!

la cuisine | le salon | la salle à manger | en Écosse | au pays de Galles

Claire: J'habite dans une ville en Écosse.

....

....

....

....

Rhys:

....

....

....

....

Feeling confident?

Qu'est-ce que tu manges au petit déjeuner?

(pages 88–89)

1 Complete Samuel's text with the food and drink from the box.

~~un croissant~~	du jus de fruits	de l'eau	du thé	du lait	du chocolat chaud	des céréales
des tartines	du pain grillé	des fruits	du beurre	de la confiture	des œufs	du bacon

Moi, je mange  *un croissant* et je bois 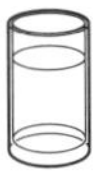 .... Mon frère mange  .... et il boit  .... Mon père mange  .... avec  .... et  .... et il boit  .... Ma mère et ma grand-mère ne mangent rien mais elles boivent  ....

Le dimanche, nous mangeons un bon petit déjeuner: 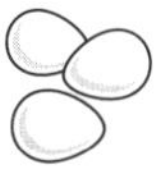 .... avec 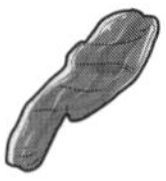 .... et  ....,  ...., et nous buvons  .... J'adore le petit déjeuner le dimanche!

2 Imagine and write what Hayley Healthy and her family have for breakfast.

Je mange/bois ...
Mon frère mange/boit ...
Mon père/Ma mère mange/boit ...
Le dimanche, on mange/boit ...

....

....

....

....

....

....

....

....

....

G

To say 'some' use:
du + masculine noun
de la + feminine noun
de l' + noun starting with a vowel
des + plural noun

Feeling confident?

1 Read the article. Look at the information in the headline and introduction, then answer the questions.

Adoscopie – spécial Québec

Le 24 juin: la fête nationale du Québec

Félix, un habitant de Montréal, Québec, partage la fête avec sa famille.

1 Le soir du 23 juin, Félix et sa famille font un dîner de fête avec des amis. Ses parents mangent la spécialité québécoise, la poutine. Ils boivent de la bière traditionnelle. Félix préfère les hot-dogs et le coca!

2 Après le dîner, il y a le Grand Spectacle. Les parents de Félix adorent ce concert de musique traditionnelle. Félix n'aime pas trop le concert, mais il attend avec impatience le grand feu d'artifice à la fin du concert!

1 What special occasion is it? ....

....

2 Where does Félix live? ....

....

- Titles and headings can give clues to what a text is about.

2 Read paragraph 1. Circle the correct option to complete each sentence.

1 On 23 June, Félix and his family first go to **a dinner / a concert**.

2 *Poutine* is **something you drink / something you eat**.

3 Félix has ***poutine*** **/ something else**.

- Use the context to understand unfamiliar words, e.g. ***poutine***.
- Spot familiar words which can help you understand, e.g. ***mangent, boivent***.
- Look for cognates or semi-cognates, e.g. ***hot-dogs, spécialité***.

3 Read paragraph 2. Tick the correct summary.

A Félix loves the concert. He doesn't like the fireworks. ☐

B Félix is not so keen on the concert but loves the fireworks afterwards. ☐

- Check the ending of verbs: *adore* → one person / ***adorent*** → several people
- Small words can change the meaning of a sentence e.g. ***ne ... pas, mais***.

Feeling confident? ☺ 😐 ☹ ◯

1 Read Zoé's profile and note down the key points about her in English.

Zoé a douze ans. Elle habite avec ses parents. Elle a un frère et une sœur. Elle est grande et forte, elle a les cheveux courts et blonds et les yeux bleus. Elle porte des lunettes. Elle est sportive: elle adore jouer au rugby.

- Zoé, 12 years old
- lives with parents
- ....
- ....

2 Complete Lucas's profile. Reuse words from Zoé's profile to fill in the gaps.

Lucas a ....douze.... ans. Il .... sa mère et sa sœur. Il a .... longs et bouclés. Il .... de taille moyenne et il .... sportif. Il .... jouer au tennis. Il .... très bavard .... très marrant.

3 Now write Jasmine's profile from these notes.

- 12 ans
- habite – grand-mère
- grande
- cheveux longs + noirs
- yeux marron
- intelligente + studieuse – pas très amusante
- ♥ jouer aux échecs

....

....

....

....

....

....

....

4 Adapt the profiles of Zoé, Lucas and Jasmine to write about yourself. Use a separate sheet for your answer.

When adapting a text about someone to talk about yourself, remember to:
- use *je* and the correct verb ending
- use the correct form of adjectives (masculine/feminine)
- use the word for 'my' instead of 'his/her'.

Feeling confident? 

1 **Fill in the missing letters to complete the words.** **Ready**

1 Les animaux

le p _ _ _ _ on
le c _ _ t
le s _ r _ _ _ t
le l _ _ i _

2 La famille

la sœ _ _
la g _ _ _ d - _ è _ _
le be _ _ - p _ _ _
le d _ m _ - _ rè _ _

3 La maison

la c _ i _ _ _ _
le s _ l _ n
la s _ _ _ _ _ _ b _ _ _ _
la ch _ _ _ r _

4 Le petit déjeuner

du p _ i _
une ta _ t _ _ _
du j _ s _ _ f _ u _ _ _
du b _ _ rr _

2 **Samia is describing her English penfriend. She has made some mistakes. Replace one word in each sentence.** **Get set**

~~a~~ poissons rien appartement marrant

1 Ma correspondante s'appelle Mia Waterman et elle ~~est~~ 12 ans. ....a...............
2 Elle habite en Angleterre avec sa famille dans un chien. ....
3 Elle adore les animaux, surtout les croissants. ....
4 Son père est vraiment sympa: il est très ennuyeux. ....
5 Au petit déjeuner, ils boivent du thé mais ils ne mangent blond. ....

3 **The sentences are in the wrong order. Number them 1–8 so that the text makes sense.** **Go!**

a Je m'appelle Élise, j'ai treize ans et j'habite [1]
b appartement avec ma mère et ma [ ]
c père habite avec ma belle-mère. Elle est [ ]
d buvons du chocolat chaud en général. [ ]
e mange le petit déjeuner avec mon père le dimanche. Nous [ ]
f en France. J'habite dans un [ ]
g sœur. Je n'ai pas d'animal. Mon [ ]
h méchante mais mon père est très marrant. Je [ ]

Feeling confident?

1 Draw lines to match the French phrases to the English translations.

1	à cent mètres	a	nearby
2	à trente km	b	the sea
3	nous acceptons	c	100 m away
4	la forêt	d	30 km away
5	la mer	e	the forest
6	à proximité	f	we accept

Use cognates to help you guess words you don't know.

2 Read the adverts for rented accommodation. Which one would you recommend to the people below? Write A, B or C in each box.

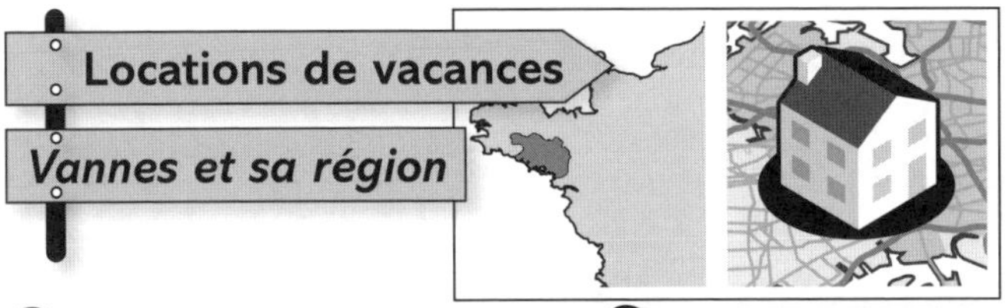

A

- Petit appartement, confortable pour 2/3 personnes, à cent mètres de la mer
- Activités à proximité: natation et voile
- Nous acceptons les chats mais pas les chiens

B

- Petite maison pour 4 personnes à trente km de la mer
- Deux chambres doubles, cuisine, salle de bains et jardin
- Activités à proximité: randonnées dans la forêt
- Animaux acceptés

C

- Grande maison (6–8 personnes) à cinquante mètres de la mer
- Activités à proximité: natation, voile, canoë-kayak
- Nous n'acceptons pas les chiens

1. A couple looking for a flat close to the sea [A]
2. A family with four children who want to be close to the sea [ ]
3. A couple with a cat who want to be close to the sea [ ]
4. A family with two children and a dog [ ]
5. A group of six friends who want to do water sports [ ]
6. A couple who want a house with a garden [ ]

Make sure you read the questions carefully.

- They give clues to what the text is about.
- They say what specific information you need to find.

Don't worry if you don't understand every word in the text.

- It won't stop you identifying the information that you need.
- Use strategies (e.g. cognates) to work out unfamiliar words.

Feeling confident?

Grammaire 1
(page 100)

- *Gender and number*
- *Possessive adjectives*
- *Partitive article*

G

French nouns have a **gender**: they are either masculine or feminine, and **number**: they can be singular (one) or plural (more than one).
Gender and number affect the words that go **with the noun:**

		masculine	feminine	plural noun
articles:	the	*le*	*la*	*les*
	a	*un*	*une*	*des*
	some	*du*	*de la*	*des*
	at the	*au*	*à la*	*aux*
adjectives:	my / your / his/her	*mon / ton / son*	*ma / ta / sa*	*mes / tes / ses*
	big	*grand*	*grand**e***	*grand**s** (m) /grand**es** (f)*
pronouns:	he/she/they	*il*	*elle*	*ils/elles*

1 **Are the underlined words masculine (M) or feminine (F)? Circle all the words that help you work it out.**

1 J'aime mon pull [M] vert.

2 J'aime bien mon short [ ] bleu et mes baskets [ ] blanches.

3 Voici ma copine [ ] Alex. Elle habite à York avec sa belle-mère [ ].

4 Tu aimes boire de la limonade [ ] ou tu préfères du lait [ ] ?

2 **Circle the correct option to complete each sentence.**

Use the gender and number to help.

1 J'ai trois ***sœurs / frère / cousine*** très méchantes.

2 J'habite dans un grand ***maison / appartement / chambres*** avec mes ***père / mère / grands-parents***.

3 Le matin, je mange du ***pain / tartines / céréales*** et de la ***beurre / confiture / œufs***.

4 Je retrouve mon ***amis / sœur / copain*** à la ***maison / collège / jardin*** à huit heures.

3 **Complete each sentence with the correct translation of the English word in brackets. Watch for gender clues.**

1 ***(My)*** ....Ma.... mère est très grande mais ***(my)*** ....mes.... sœurs sont petites.

2 ***(Your)*** .... frère est marrant et ***(your)*** .... sœurs sont amusantes.

3 ***(His)*** .... mère est bavarde. ***(His)*** .... père est timide et ***(his)*** .... grands-parents aussi.

4 Le matin, je mange ***(some)*** .... pain blanc avec ***(some)*** .... confiture de fraise et ***(some)*** .... fruits.

Feeling confident?

1 Someone has spilt juice over the verb table. Write in the missing words.

	regular *–er* verbs	verbs ending in *–ger*	irregular verbs		
	porter (to wear)	***manger*** (to eat)	***être*** (to be)	***avoir*** (to have)	***faire*** (to do)
je/j'	*porte*	....	....	....	....
tu	....	*manges*	*es*	*as*	*fais*
il/elle/on	*porte*	*mange*	....	*a*	*fait*
nous	*portons*	*mangeons*	*sommes*	*avons*	*faisons*
vous	....	*mangez*	*êtes*	*avez*	*faites*
ils/elles	*portent*	....	*sont*	*ont*	*font*

2 Complete each verb web. Try not to look at the grid in exercise 1.

j' ....

ils/elles ....

tu ....

vous ....

il/elle/on ....

nous ....

je ....

ils/elles ....

tu ....

vous ....

il/elle/on ....

nous ....

3 Complete each sentence using words from the boxes. The verb is the clue!

1 .... suis championne de natation!

2 .... fait de l'équitation.

3 .... portons un uniforme.

4 .... font de la cuisine.

5 .... as les cheveux longs.

6 .... êtes dans la cuisine?

Mon frère | Vous | Séb et moi | Je | Tu | Charlie et Chloé

4 Write the verb in brackets in the correct form.

1 Nous .... ***(jouer)*** au football.

2 Nous .... ***(nager)*** souvent à la mer.

3 Tes amis .... ***(habiter)*** dans une grande ville.

4 Nous .... ***(aimer)*** les croissants au petit déjeuner.

5 Mes sœurs .... ***(regarder)*** la télé le weekend.

G Remember, if the infinitive ends in *–ger*, an extra 'e' is added: e.g. *nous mang**e**ons*.

Feeling confident?

Vocabulaire

Point de départ

le pays de Galles	*Wales*
le Portugal	*Portugal*
la Belgique	*Belgium*
la France	*France*
la Grèce	*Greece*
la Pologne	*Poland*
la Suisse	*Switzerland*
l'Allemagne	*Germany*
l'Angleterre	*England*
l'Écosse	*Scotland*
l'Espagne	*Spain*
l'Irlande	*Ireland*
l'Irlande du Nord	*Northern Ireland*
l'Italie	*Italy*
As-tu un animal?	*Have you got a pet?*
J'ai …	*I have …*
un chat	*a cat*
un chien	*a dog*
un cochon d'Inde	*a Guinea pig*
un hamster	*a hamster*
un lapin	*a rabbit*
un lézard	*a lizard*
un oiseau	*a bird*
un poisson	*a fish*
un serpent	*a snake*
Je n'ai pas d'animal.	*I don't have a pet.*
vingt	*20*
trente	*30*
quarante	*40*
cinquante	*50*
soixante	*60*
soixante-dix	*70*
quatre-vingts	*80*
quatre-vingt-dix	*90*
cent	*100*

Unité 1 – Décris-moi ta famille

la famille	*family*
la famille d'accueil	*foster family*
le (beau-)père	*(step-)father*
le grand-père	*grandfather*
le (demi-)frère	*(half/step-)brother*
le fils / la fille	*son / daughter*
la (belle-)mère	*(step-)mother*
la grand-mère	*grandmother*
la (demi-)sœur	*(half/step-)sister*
les parents	*parents*
il/elle est …	*he/she is …*
petit(e) / grand(e)	*small / tall*
de taille moyenne	*medium-sized*
il/elle a les yeux …	*he / she has … eyes*
bleus / verts / marron	*blue / green / brown*
il/elle a les cheveux …	*he/she has … hair*
noirs / blonds	*black / blond*
roux / gris / bruns	*red / grey / brown*
courts / longs / mi-longs	*short / long / medium-length*
bouclés / raides	*curly / straight*
une barbe	*a beard*
des taches de rousseur	*freckles*
des tatouages	*tattoos*
il/elle porte des lunettes	*he/she wears glasses*

Unité 2 – Où habites-tu?

Où habites-tu?	*Where do you live?*
J'habite …	*I live …*
en Angleterre	*in England*
au pays de Galles	*in Wales*
dans un appartement	*in a flat*
dans une maison	*in a house*
J'aime habiter ici.	*I like living here.*
Je n'aime pas habiter ici.	*I don't like living here.*
C'est ...	*It's ...*
tranquille / grand	*peaceful / big*
confortable	*comfortable*
trop petit	*too small*
Il n'y a pas de place.	*There's no space / room.*
le salon	*the living room*
la cuisine	*the kitchen*
la chambre	*the bedroom*
la salle de bains	*the bathroom*
la salle à manger	*the dining room*
le jardin	*the garden*

Feeling confident?

Unité 3 – Qu'est-ce que tu manges au petit déjeuner?

Qu'est-ce que tu manges au petit déjeuner?	*What do you have for breakfast?*	de la confiture	*jam*
Je mange …	*I eat …*	des céréales	*cereal*
un croissant	*a croissant*	des œufs	*eggs*
un fruit	*a piece of fruit*	Je bois …	*I drink …*
du pain (grillé)	*(toasted) bread*	du jus de fruits	*fruit juice*
du beurre	*butter*	du chocolat chaud	*hot chocolate*
du bacon	*bacon*	du lait	*milk*
du yaourt	*yoghurt*	de l'eau	*water*
une tartine	*a slice of bread with jam or spread*	Je ne mange rien.	*I don't eat anything.*

Unité 4 – On fait la fête!

le 14 juillet	*Bastille Day*	un bal	*a dance*
la fête nationale	*national holiday*	regarder un feu d'artifice	*to watch fireworks*
un jour de congé	*a day off*	faire un pique-nique	*to have a picnic*
un défilé (militaire)	*a (military) parade*	faire la fête	*to celebrate*

Unité 5 – Une drôle de famille

grincheux(-se)	*grumpy*	furieux(-se)	*angry*
studieux(-se)	*studious*	il habite	*he lives*
marrant(e)	*funny*	elle habite	*she lives*
sévère	*strict*	ils habitent	*they live*
maigre	*thin*		

Les mots essentiels – High-frequency words

Pronoun		**Other useful words**	
nous	*we*	du/de la/de l'/des	*some*
Prepositions		(ne) … rien	*nothing*
de	*of*		
dans	*in*		
à	*in/at*		

Feeling confident?

1 **Read the texts. Write the name of the person speaking using the information given in the table.**

1 ....

J'habite dans un petit village. Il n'y a pas de magasins et il n'y a pas de café! Il y a un marché le samedi et un vieux château en ruine. Moi, j'aime faire du sport, mais il n'y a pas de centre de loisirs. C'est ennuyeux ici.

2 ....

Dans ma ville, il y a un centre commercial super et des cafés. Il n'y a pas de musée mais il y a une piscine. Pour moi, ma ville, c'est génial parce que j'adore nager!

3 ....

J'habite dans un petit village. J'adore habiter ici parce que c'est très calme. Il n'y a pas de magasins mais il y a un marché. Il y a un café et une piscine. Il y a aussi un château très interessant et un petit musée.

								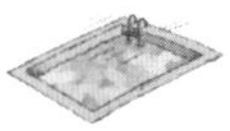	
Julie	✓		✗	✓	✗	✓	✗	✗	
Léo	✓			✓	✗			✓	
Maria		✗	✓	✗		✗	✓		
Louis		✗	✓	✓	✓		✓	✓	

2 **Do they like where they live? Circle the opinion phrases in the texts from exercise 1 and draw ♥ or ✗ in the last column of the table.**

3 **Now complete the text for the other person in the table. Write where they live, whether they like the place and why.**

Il y a un / une / des ...	*There is a / are some ...*
Il n'y a pas de ...	*There isn't a / aren't any ...*

Moi, j'habite ....

....

....

....

....

Feeling confident?

Où vas-tu le weekend?

1 Read Samuel's message about where he goes at weekends. Number the pictures in the order he mentions them.

Le samedi matin, je vais au stade ou à la piscine. Le samedi après-midi, je vais aux magasins avec ma mère et après nous allons au café. Le samedi soir, je vais au cinéma ou au bowling.

Le dimanche matin, je vais à l'église avec mon père. Le dimanche après-midi, nous allons à la plage ou au parc. Le dimanche soir, je reste à la maison.

a  ☐

b  1

c  ☐

d  ☐

e  ☐

f  ☐

g 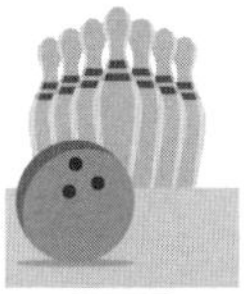 ☐

h  ☐

i 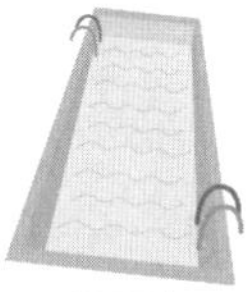 2

j  ☐

2 Translate the first paragraph of Samuel's message.

On Saturday mornings, I go to ... .

....

....

....

3 On a separate sheet write a similar message from Susie in French. Use the notes below. Start:

Le samedi matin, je ... .

Susie:	Saturday	Sunday
morning	swimming pool + shops	stadium
afternoon	café	beach + bowling
evening	cinema	stay at home

G

The word for 'to' ('I go **to**') varies in French:

à + le → au (masculine noun)

à + la → à la (feminine noun)

à + l' → à l' (noun starting with a vowel)

à + les → aux (noun in the plural)

Feeling confident?

2 Tu veux aller au café?

(pages 110–111)

1 Match the invitations with the correct sections in the diary.

A Tu veux aller à la patinoire cet après-midi?

B Je vais au cinéma ce soir. Tu veux venir?

C Tu veux jouer au tennis aujourd'hui?

D Je retrouve Lucas à trois heures. Tu veux venir?

E Tu veux aller au café à midi?

F Tu veux aller à la piscine ce matin?

samedi 25 [ ]	
9h	[ ]
midi [E]	
15h [ ]	[ ]
17h	
19h	[ ]
21h	

2 Who is invited where? Read the conversations and write the correct name next to each place. Write a tick or a cross to show their response.

★ *Mo, on joue au foot au parc. Tu veux venir?*
◆ Bonne idée!

★ *Antoine, tu veux aller aux magasins?*
◆ Tu rigoles! Je ne veux pas, c'est ennuyeux.

★ *Éva, tu veux venir à la plage?*
◆ Désolée. Je veux aller à la piscine.

★ *Clara, tu veux aller au bowling?*
◆ D'accord. Pourquoi pas?

1 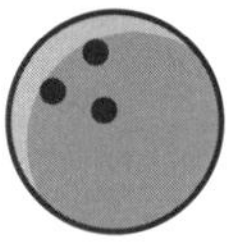
Clara ✓ ....

2 
....

3 
....

4 
....

⊕	⊖
C'est super.	*C'est nul.*
C'est intéressant.	*C'est ennuyeux.*
C'est marrant.	*Il fait froid.*
Il fait beau.	*Il pleut.*

3 Write three conversations using the prompts. For each response, give a reason or an opinion.

1 

★ Tu veux aller à la plage cet après-midi?

◆ Oui, je veux bien. Il fait beau!

2 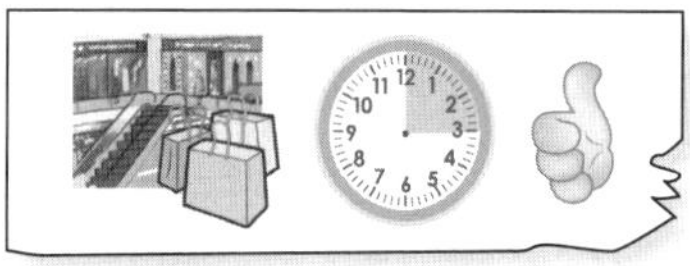

★ ....

◆ ....

3 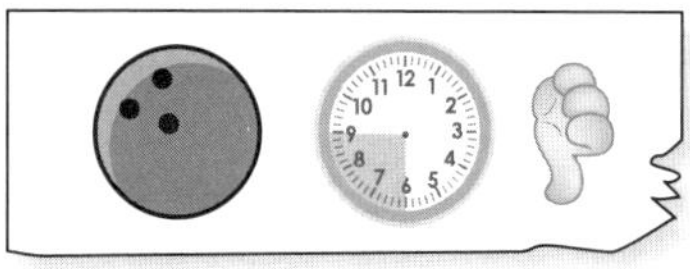

★ ....

◆ ....

Feeling confident?

1 Complete the conversation in the café between the waiter and the customers, using phrases from the boxes.

C'est combien, s'il vous plaît?
Et pour vous
voudrais
merci
pour moi
voilà
~~vous désirez~~
ça fait

....Vous désirez........ , mademoiselle?

Je .... une crêpe au sucre et un Orangina, s'il vous plaît.

.... , monsieur?

.... , une glace au chocolat et un diabolo menthe, s'il vous plaît.

Très bien, merci.

****

Pardon monsieur. .... ?

.... seize euros cinquante, s'il vous plaît.

.... , merci.

.... , au revoir.

2 Circle eight words or phrases in exercise 1 that show the conversation is between strangers. (Some are repeated.)

3 Write a similar conversation using the notes below and exercise 1 to help you.

un café crème
un sandwich au fromage
un thé au lait
un croquemonsieur

Vous ....?

Je ....

....?

....

....

****

....?

....

....

....

Feeling confident?

Qu'est-ce que tu vas faire?

1 **Predict which of these activities Manu will do in each type of weather. Write a–e in the boxes.**

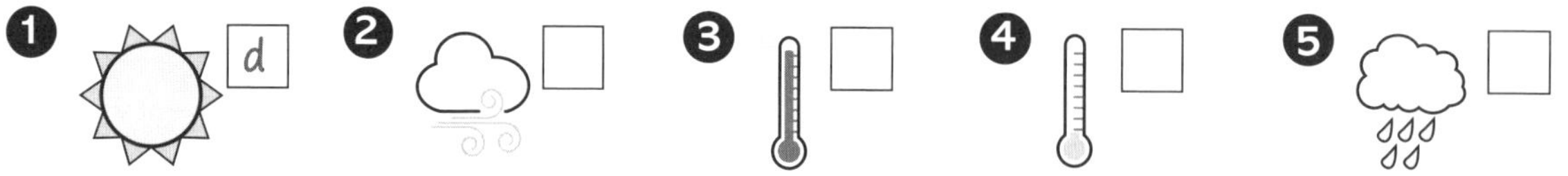

1 d   2 ☐   3 ☐   4 ☐   5 ☐

a faire les magasins   b faire un pique-nique   c visiter le musée   d visiter la ville   e faire de la voile

2 **Read Manu's text. Find the weather phrases and write them under the correct symbols.**

Ce weekend, je vais aller à Vannes avec ma famille.

D'abord, s'il fait beau, je vais visiter la ville et me promener sur le port.

Après, s'il fait chaud, on va faire un pique-nique à la plage et peut-être se baigner dans la mer.

Ensuite, s'il y a du vent, mon père et moi allons faire de la voile et jouer au cerf-volant.

S'il fait froid, je vais faire les magasins avec ma mère et on va se réchauffer dans un salon de thé – et s'il pleut trop, on va visiter le musée et manger des crêpes!

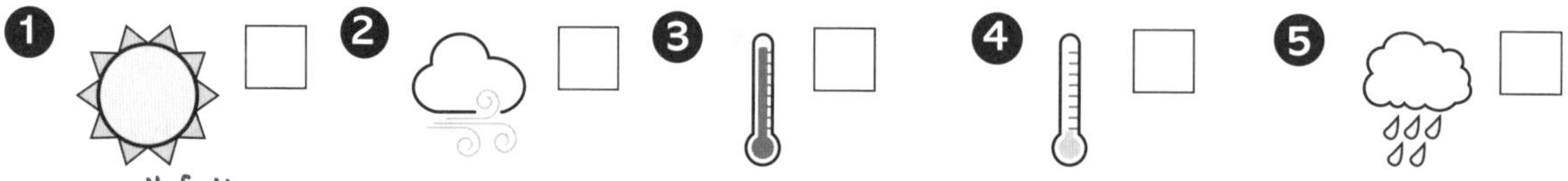

1 ......il fait beau......   2 ....   3 ....   4 ....   5 ....

3 **Read the text again and check your predictions in exercise 1. Were you correct? Tick or cross each one above.**

Remember to use the context, and words you already know or can work out (cognates or near-cognates), e.g. ***port*** → port/harbour).

4 **Manu mentions other activities. Draw lines to match each one with the English translation.**

1	me promener sur le port	a	to play with a kite
2	se baigner dans la mer	b	to have a swim in the sea
3	jouer au cerf-volant	c	to eat pancakes
4	se réchauffer dans un salon de thé	d	to warm up in a tearoom
5	manger des crêpes	e	to go for a walk along the harbour

Feeling confident?

5 Je vais visiter Paris!

(pages 116–117)

1 Read the posts and write the names in the correct columns in the table.

Manon: Normalement, le samedi, je joue au foot dans le parc. Samedi prochain, je vais jouer au laser-tag.

Ali: Normalement, le weekend, je télécharge de la musique. Le weekend prochain, je vais écouter le concert de *True Rock*.

Lina: D'habitude, le samedi, je fais de la cuisine à la maison. Samedi prochain, je vais manger une pizza au restaurant.

Clément: Normalement, le weekend, je joue avec mon chien. Le weekend prochain, je vais aller au zoo de Chessington.

	normally	next weekend
go to the zoo		Clément
play with dog		
play football in park		
listen to a live concert		
download music		
cook at home		
go laser-tagging		
go out for a pizza		

normalement / d'habitude	*usually*
samedi prochain	*next Saturday*
le weekend prochain	*next weekend*

2 Read the posts in exercise 1 again. Complete the questions and answers using phrases from the page.

1

Manon, qu'est-ce que tu fais normalement le samedi?

Je ....

....

2

Lina, qu'est-ce que tu fais d'habitude le samedi?

Je ....

....

Qu'est-ce que tu .... manger samedi prochain?

Je vais manger une pizza.

3

Ali, qu'est-ce que tu .... le weekend?

Je télécharge de la musique.

Qu'est-ce que tu vas écouter le weekend prochain?

Je vais ....

....

4

Clément, qu'est-ce que tu vas faire le weekend prochain?

Je ....

....

Feeling confident?

1 **Are these invitations accepted or turned down? Tick or cross the matching pictures.** **Ready**

★ *Tu veux aller au cinéma?*
◆ Oui, je veux bien.

★ *Tu veux visiter la cathédrale?*
◆ Non, je ne veux pas.

★ *Tu veux aller au stade?*
◆ Non, merci.

★ *Tu veux aller au centre de loisirs?*
◆ Oui, bonne idée.

★ *Tu veux jouer au laser-tag?*
◆ Ah non, c'est ennuyeux.

★ *Tu veux manger un sandwich?*
◆ Non, je veux manger une glace.

1 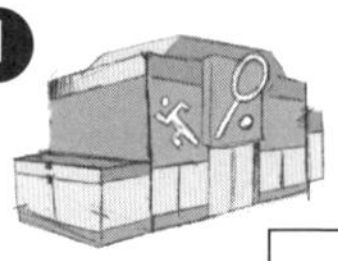 ☐
2  ☐
3  ☐
4  ☐
5  ☐
6  ☐

2 **Complete the text messages about weekend plans with the correct form of *aller*.** **Get set**

Qu'est-ce que tu .... faire le weekend prochain, Steven?

Je .... visiter Brighton. Le matin, on .... admirer le Pavilion.

Vous .... jouer au ballon sur la plage?

Non! Moi, je .... prendre des photos et mes sœurs .... acheter des souvenirs. Nous .... aussi manger des glaces.

G

je **vais**
tu **vas**
il/elle/on **va**
nous **allons**
vous **allez**
ils/elles **vont**

3 **These sentences are in either the present or the near future tense. Translate the French sentences into English and the English ones into French.** **Go!**

1 Normalement, le weekend, je retrouve mes amis.

....

2 Usually, on Saturdays, I go shopping.

....

3 Le samedi, on va visiter le musée.

....

Feeling confident?

En focus
(pages 120–121)

- You don't need to understand every word of a text to be able to select true statements about it.
- First, read the question in English and look for clues about the **context**.
- Then, focus on words that you know or can work out (like **cognates**) to understand more details.
- Don't forget to use your **common sense**!

je l'aime	*I like it*
sans toi	*without you*

1 Read this poem. Circle the two correct answers. Is the author writing:

a about his friend? **b** to his friend? **c** about his town?

Moi, ma ville, je l'aime,
je l'aime quand il fait beau
je l'aime quand il fait chaud
je l'aime sous le soleil d'été
j'aime ses jardins et ses marchés
et avec toi, me promener.

Moi, ma ville, je l'aime,
je l'aime quand il pleut
je l'aime quand il neige
je l'aime dans le froid de l'hiver
j'aime m'asseoir dans ses cafés
et avec toi, me réchauffer.
Mais ma ville, sans toi?
Sans toi, ma ville, je ne l'aime pas.

2 Are the statements about the author of this poem true (✓) or false (✗)?

	✓ / ✗
1 He likes his city in summer.	
2 He likes going for a walk with the person he's writing to.	
3 He only likes his city when the weather's fine.	
4 He likes his city even when it rains and snows.	
5 His city never gets cold in winter.	
6 He likes sitting down in cafés.	
7 He never goes to cafés to warm up with his friend.	
8 He doesn't like his town when his friend isn't there.	

Feeling confident?

1 **Draw lines to match the sentence halves.**

Check the forms of ***aller***!

1 J'aime l'athlétisme, alors le samedi matin, je
2 Nous avons un chien alors, le dimanche, nous
3 Mon frère retrouve ses amis le samedi et ils
4 Tu aimes nager, alors, le weekend, tu
5 Vous aimez le shopping? Le samedi, vous
6 Ma sœur adore les films et le weekend, elle

a allons au parc.
b vont au café.
c va au cinéma.
d vais au stade.
e allez aux magasins?
f vas à la piscine?

2 **Complete the sentences, choosing one word/phrase from each column in the grid. Take care when choosing from columns B and D.**

A	B	C	D	E
(ne/n')	vais	(pas)	au	piscine
	vas		à la	magasins
	va		à l'	marché
	allons		aux	musée
	allez			mosquée
	vontz			église

G

au	+ masculine noun
à la	+ feminine noun
à + l'	+ noun starting with a vowel
aux	+ noun in the plural

1 Tu ne vas pas à la piscine. ....

2 Mes parents ....

3 Ma sœur et moi, nous ....

4 Moi, je ....

5 Vous ....

6 Mon copain ....

3 **Translate the sentences into French.**

Never translate *'on'* + day of the week by ***sur***. Say ***le dimanche*** (on Sundays).

1 You *(tu)* go to church on Sundays.

....

2 My mother goes to the shops at the weekend.

....

3 We (*nous*) don't go to school on Saturdays.

....

Feeling confident?

1 **Read what normally happens at the weekend (on the left) and complete what is going to happen next weekend (on the right) using *aller* + infinitive.**

Normalement, le weekend, ...	Mais le weekend prochain, ...
je mange une pizza.	1 je ...vais manger... un burger.
tu vas au marché.	2 tu .... au supermarché.
on regarde un film à la TV.	3 on .... un film au cinéma.
nous achetons des glaces.	4 nous .... des crêpes.
vous jouez au football.	5 vous .... au rugby.
mes parents mangent à la maison.	6 ils .... au restaurant.

2 **Read the conversations and correct <u>five</u> forms of *vouloir* (to want).**

1 ★ Tu veux aller à la patinoire?
◆ Oui, je ~~veut~~ bien.
......Je veux..................

2 ★ Je veux aller au centre commercial. Vous voulons venir?
◆ Oui, nous voulons bien.
....

3 ★ On va au café cet après-midi. Timéo veut venir?
◆ Non, il ne veux pas, mais Nathan et Emma veut bien.
....

4 ★ Juliette veut une glace à la vanille?
◆ Non, elle veulent une glace au chocolat.
....

G
je **veux**
tu **veux**
il/elle/on **veut**
nous **voulons**
vous **voulez**
ils/elles **veulent**

3 **Circle the verb. Write whether it is in the present tense (pres) or the perfect tense (perf).**

1 J'ai écouté un concert fantastique. ..perf......................
2 Je mange une crêpe au chocolat. ....
3 J'écoute de la musique tous les jours. ....
4 J'ai acheté un croquemonsieur. ....
5 J'ai regardé un film intéressant. ....
6 J'aime la cathédrale Notre-Dame. ....

present:
je visite → *I visit / I'm visiting*

perfect tense:
j'ai visité → *I visited / I've visited*

Feeling confident?

Point de départ

Qu'est-ce qu'il y a dans … ?	*What is there in … ?*	une piscine	*a swimming pool*
ta ville/ton village	*your town/village*	des magasins	*(some) shops*
Il y a …	*there is …*	Il n'y a pas de café / magasins.	*There isn't a café./ There aren't any shops.*
un centre de loisirs	*a leisure centre*	Il n'y a pas d'église.	*There isn't a church.*
un centre commercial	*a shopping centre*	le prix	*price*
un château	*a castle*	un euro	*one euro*
un marché	*a market*	trois euros cinquante (3,50 €)	*three euros fifty*
un musée	*a museum*	un adulte / un enfant	*an adult / a child*
une mosquée	*a mosque*	moins de 12 ans	*less than 12 years old*
une patinoire	*an ice rink*		

Unité 1 – Où vas-tu le weekend?

Où vas-tu le weekend?	*Where do you go at the weekend?*	à la plage	*to the beach*
Je vais …	*I go …*	à l'église	*to the church*
au bowling	*to the bowling alley*	aux magasins	*to the shops*
au cinéma	*to the cinema*	le samedi	*on Saturday*
au parc	*to the park*	matin	*mornings /*
au stade	*to the stadium*	après-midi /	*afternoons /*
à la piscine	*to the swimming pool*	soir	*evenings*

Unité 2 – Tu veux aller au café?

Tu veux aller au café?	*Do you want to go to the café?*	Rendez-vous à …	*Let's meet at …*
Tu veux venir?	*Do you want to come?*	Merci.	*Thank you.*
aujourd'hui	*today*	Bonne idée!	*Good idea!*
ce matin	*this morning*	Oui, je veux bien.	*Yes, I want to.*
cet après-midi	*this afternoon*	D'accord	*OK*
ce soir / weekend	*this evening / weekend*	Pourquoi pas?	*Why not?*
Rendez-vous à quelle heure?	*What time will we meet?*	Non, merci.	*No, thanks.*
		Désolé(e)!	*Sorry!*
		Je ne veux pas.	*I don't want to.*
		Tu rigoles!	*You're joking!*

Unité 3 – Vous désirez?

Vous désirez?	*What would you like?*	un chocolat chaud	*a hot chocolate*
Pardon, madame/ monsieur.	*Excuse me, madam/ sir.*	un thé au lait/au citron	*a tea with milk/lemon*
Je voudrais …	*I would like …*	un jus d'orange	*an orange juice*
Pour moi …	*For me …*	un coca (light)	*a (Diet) Coke*
un Orangina	*a fizzy orange*	une eau minérale	*a mineral water*
un diabolo menthe	*a mint cordial*	un croquemonsieur	*a grilled cheese and ham sandwich*
une grenadine à l'eau	*a pomegranate cordial*	un sandwich au fromage	*a cheese sandwich*
un café express	*an espresso coffee*	un sandwich au jambon	*a ham sandwich*
un café crème	*a milky coffee*	une crêpe au sucre	*a pancake with sugar*

Feeling confident?

une glace au chocolat	*chocolate ice cream*
une glace à la vanille	*vanilla ice cream*
une glace à la fraise	*strawberry ice cream*
une glace à la pistache	*pistachio ice cream*
Et pour vous?	*And for you?*
C'est combien, s'il vous plaît?	*How much is it, please?*
Ça fait …	*It comes to …*
Voilà, merci.	*Here you are, thanks.*

Unité 4 – Qu'est-ce que tu vas faire?

Qu'est-ce que tu vas faire à Paris?	*What are you going to do in Paris?*
Je vais …	*I am going …*
visiter la cathédrale Notre-Dame	*to visit Notre Dame cathedral*
visiter la tour Eiffel	*to visit the Eiffel Tower*
aller au musée du Louvre	*to go to the Louvre*
aller aux Catacombes	*to go to the Catacombs*
faire une balade en bateau-mouche	*to go on a boat trip*
prendre des photos	*to take photos*
acheter des souvenirs	*to buy souvenirs*
admirer la *Joconde*	*to admire the* Mona Lisa
faire un pique-nique	*to go on a picnic*

Unité 5 – Je vais visiter Paris!

normalement/d'habitude	*usually*
le weekend	*at weekends*
le weekend prochain	*next weekend*
samedi prochain	*next Saturday*
Je vais …	*I am going …*
jouer au basket	*to play basketball*
jouer au foot	*to play football*
jouer au laser-tag	*to play laser-tag*
manger un gâteau	*to eat a cake*
manger une pizza	*to eat a pizza*
manger une glace	*to eat an ice cream*
aller au zoo	*to go to the zoo*
aller au centre de loisirs	*to go to the leisure centre*
faire un tour en Segway	*to go on a Segway tour*
faire les magasins	*to go shopping*

Les mots essentiels – High-frequency words

Pronouns

tu	*you (singular and familiar – one person you know well)*
vous	*you (plural – more than one person; or polite – someone older or who you don't know well)*

Connectives

où	*where*
ou	*or*
si (s' before '*il*' or '*ils*')	*if*

Time expressions

aujourd'hui	*today*
ce matin	*this morning*
cet après-midi	*this afternoon*
ce soir	*this evening*
ce weekend	*this weekend*
normalement/d'habitude	*usually*
le lundi matin	*on Monday mornings*
le mardi après-midi	*on Tuesday afternoons*
le samedi soir	*on Saturday nights*
le weekend	*at weekends*
le weekend prochain	*next weekend*
dimanche prochain	*next Sunday*

Feeling confident?

Dynamo 1

www.pearsonschools.co.uk
myorders@pearson.com
ISBN 978-1-292-24869-1

Pearson